A Peregrina

de

John BUNYAN

Publicações
Pão Diário

A Peregrina

de

John BUNYAN

Edição ilustrada

A peregrina
por John Bunyan
Copyright © 2020 Publicações Pão Diário
Todos os direitos reservados.

Coordenação editorial: Dayse Fontoura
Tradução: Maria Emília de Oliveira
Revisão: Dayse Fontoura, Dalila de Assis, Lozane Winter
Projeto gráfico e capa: Audrey Novac Ribeiro
Diagramação: Denise Duck
Imagens internas: Internet Archive Book Images, Wikimedia Commons

Dados Internacionais de Catalogação na Publicação (CIP)

> Bunyan, John.
> *A Peregrina*, John Bunyan.
> Tradução: Maria Emília de Oliveira
> Curitiba/PR, Publicações Pão Diário.
> Título original: *The Pilgrim's Progress – Part II*
> 1. Fé   2. Salvação   3. Vida cristã   4. Perseverança

Proibida a reprodução total ou parcial, sem prévia autorização, por escrito, da editora.

Todos os direitos reservados e protegidos pela Lei 9.610, de 19/02/1998.

Exceto quando indicado no texto, os trechos bíblicos mencionados são da edição Revista e Atualizada de João Ferreira de Almeida © 2009 Sociedade Bíblica do Brasil.

Publicações Pão Diário
Caixa Postal 4190,
82501-970 Curitiba/PR, Brasil
publicacoes@paodiario.org
www.publicacoespaodiario.com.br
Telefone: (41) 3257-4028

Código: N5517
ISBN: 978-1-64641-024-8

1.ª edição: 2020 • 3.ª impressão: 2023

Impresso na China

SUMÁRIO

Introdução 7
Biografia de John Bunyan 9
A Peregrina 21
   Capítulo 1 33
   Capítulo 2 51
   Capítulo 3 69
   Capítulo 4 85
   Capítulo 5 103
   Capítulo 6 127
   Capítulo 7 165
   Capítulo 8 201
   Capítulo 9 223
   Capítulo 10 235
Ilustrações 247

INTRODUÇÃO

A *peregrina* foi lançado em 1684, na Inglaterra, como sequência do primeiro livro *O peregrino*. Neste, John Bunyan conta a história da família de Cristão, que ficara para trás na Cidade da Destruição. No entanto, arrependidos de sua incredulidade e de terem zombado do marido e pai angustiado por sua condição de pecador, sua esposa e filhos se propõem a seguir a mesma jornada desse bom homem. Antigos personagens com novas percepções, novos personagens, locais e desafios comporão o cenário desta peregrinação até a Cidade Celestial.

A abordagem de Bunyan a esta segunda alegoria é mais leve e bem-humorada. A vida familiar está mais detalhada, e fica nítida a preocupação do autor com o evangelismo e discipulado das crianças. Se os opositores continuam sendo muitos, os companheiros de caminhada se multiplicam. Entre eles são representados cristãos de natureza mais frágil e que se debatem mais com as questões da fé. Talvez isso seja fruto da vivência ministerial do "Bispo Bunyan", como ele ficou conhecido na região onde pastoreava. A observação de que nem todo servo de Cristo é um "campeão da fé", mas que precisa de auxílio, misericórdia e compaixão de seus irmãos é belamente ilustrada no relacionamento entre os peregrinos.

Também é interessante observar a ênfase do autor na influência e testemunho deixados por Cristão em sua prévia caminhada. Isso ressalta o princípio bíblico de que todos os que são fiéis a Cristo deixam atrás de si um rastro por onde podem seguir aqueles que os sucedem. Os imitadores de Cristo mais maduros servem de orientação para os novos da jornada. E, neste quesito, o próprio Bunyan está incluído. Seus livros atravessam os séculos inspirando e guiando os cristãos.

Esta edição que você tem em mãos contém as ilustrações de uma edição inglesa de 1890. Quatro desenhistas dão forma aos personagens tão bem descritos por Bunyan, e suas personalidades ficam evidentes em suas expressões facial e corporal.

Acompanhe cada um dos personagens, observe como os relacionamentos se desenvolvem, perceba a luta contra a tentação e a perseverança na provação. E, por fim, ouça seus cantos enquanto ascendem à Cidade Celestial para se encontrar com seu Senhor.

Seja lá com qual personagem mais se identificar, é importante que você saiba que o crescimento na graça nunca é uma caminhada solitária. Que você, como um bom peregrino, se inspire nessa narrativa alegórica para firmar convicções e jamais perder de vista seu destino eterno!

Dos editores

BIOGRAFIA DE JOHN BUNYAN

Os primeiros anos

John Bunyan nasceu em novembro de 1628, em Elstow, um vilarejo a cerca de 1,5 quilômetro da cidade de Bedford. Seu pai, Thomas Bunyan, fabricava e consertava panelas e chaleiras. Sua mãe, Margaret Bentley, provinha de uma família mais abastada. John gostava de definir sua família com estando "entre a multidão dos pobres lavradores". Mesmo sem muitos recursos financeiros, os pais de Bunyan o enviaram à escola. No entanto, ele frequentou as aulas tempo suficiente para apenas aprender a ler e escrever. Desde cedo aprendeu o ofício do pai e ajudou no sustento da família.

Sua mãe morreu em junho de 1644, e sua irmã mais nova um mês depois. Em agosto do mesmo ano, seu pai se casou novamente. Esse novo relacionamento parece ter gerado o afastamento entre pai e filho, levando John a passar os três anos seguintes servindo como soldado na Guerra Civil Inglesa[1], muito provavelmente apoiando os Parlamentaristas sendo liderado por Sir Samuel Luke. Os anos

JOHN BUNYAN

John Bunyan

passados nesse conflito influenciariam a escrita de alguns episódios dos livros de Bunyan no futuro. Somente um soldado experiente poderia escrever, com tanta riqueza de detalhes, as cenas de algumas das lutas encontradas em O peregrino, por exemplo.

Cedo em sua vida, Bunyan se embrenhou em uma vida de jogos e bailes. Pouco depois de ser dispensado do exército, casou-se com sua primeira esposa, entre 1647–48. Em sua autobiografia *Graça abundante ao principal dos pecadores* (Editora Fiel, 2012), ele afirma que, quando se uniram, os dois eram "tão pobres quanto os pobres devem ser, sem possuir muitos implementos caseiros, além de um prato e uma colher, que compartilhávamos". Apesar de serem tão destituídos, a esposa de Bunyan trouxe consigo, como dote de casamento, dois livros — uma extravagância para aqueles tempos: *The Plain Man's Pathway to Heaven* (A Jornada do homem comum ao Céu) de Arthur Dent e *The Practice of Piety* (A prática da piedade) de Lewis Bayly. Essas duas obras e o comportamento cristão de sua esposa influenciaram Bunyan a um despertamento espiritual. Tiveram quatro filhos, a primeira deles, Mary, nasceu cega e era alvo de especial afeto de seu pai.

---

1   Conflito deflagrado entre a Monarquia e o Parlamento inglês entre os anos de 1642–49. A animosidade entre monarquia e os parlamentares, que se iniciara no governo de Jaime I, foi intensificada pelas impopulares medidas sociais e econômicas de seu herdeiro Charles I, pelo conflito com os presbiterianos na Escócia e pela disputa da soberania da Igreja Anglicana com os puritanos. Os Parlamentaristas, liderados por Oliver Cromwell, impuseram sucessivas derrotas aos Monarquistas até que o rei Charles I foi decapitado, acusado de traição. A monarquia e a Câmara dos Lordes foram abolidas e, até o retorno de Charles II do exílio em 1660, a Inglaterra foi uma república.

A conversão

Os quatro anos seguintes foram de intenso conflito espiritual interior para Bunyan: se, por um lado, sua carne almejava continuar na prática do pecado, por outro, seu espírito, tocado pela graça divina, sentia o peso da condenação e o desejo de salvação. Certo domingo à tarde, enquanto jogava Tip Cat[2], uma voz do Céu lhe veio à mente, que dizia: "Você abandonará seus pecados e irá ao Céu, ou continuará pecando e irá ao inferno?". Naquele momento, Bunyan não deu importância à profunda inquietação que lhe sobreviera ao espírito. Mas, pouco depois, buscou numa vida de legalismo a redenção de sua alma. Começou a frequentar a igreja, mudou seu linguajar e a forma de se vestir. Contudo, quando confrontado por um sermão sobre a observância do Dia do Senhor, Bunyan decidiu voltar aos seus velhos hábitos.

Em *Graça abundante*, conta como certa vez, enquanto passava pela rua, ouviu três ou quatro senhoras conversando "sobre seu novo nascimento, a obra de Deus em seus corações e a forma pela qual se convenceram de seu estado natural de miséria. Falavam como Deus havia visitado sua alma com Seu amor em Cristo Jesus e com que palavras e promessas foram renovadas, consoladas e sustentadas

---

[2] Jogo em que quatro a oito jogadores se posicionam perto de buracos que funcionam como as bases arranjadas em circunferência. Alguns jogadores se posicionam fora deste círculo, chamado de campo, e um número igual de jogadores, dentro dele, serão os rebatedores. Um desses do campo joga o toco de madeira (cat) ao rebatedor mais próximo. Se este conseguir rebatê-lo e o enviar para longe, os da base correrão trocando de base até que o toco seja recuperado. Cada base corrida equivale a um ponto. Se, por outro lado, o toco for recuperado por qualquer jogador do campo e este o jogar em direção a um jogador que esteja fora da base, durante a corrida, este último é eliminado do jogo. Se a rebatida for perdida, o "cat" é devolvido ao jogador do campo, e este tenta jogar novamente.

A Peregrina

Igreja de Saint John, Bedford

contra as tentações diabólicas". Essa conversa levou-o a desprezar o pecado em sua natureza.

Em 1650, veio a conhecer o pastor puritano[3] John Gifford em sua casa paroquial na igreja de Saint John — então uma comunidade independente —, em Bedford. Nesta ocasião, conversaram sobre a salvação e a verdadeira mensagem de Jesus. No entanto, a rendição definitiva de Bunyan a Cristo ocorreu um ano depois influenciado pela conversa das senhoras, com o pastor Gifford e pela leitura de *Comentário da epístola de São Paulo aos Gálatas* (Ed. Sinodal, 2017, vol. 10) que, depois da Bíblia, era seu livro de referência. Neste

---

[3] Grupo cristão que rejeitava a autoridade da Igreja da Inglaterra (ou Anglicana) pelo fato desta manter muitos rituais Católicos Romanos em sua liturgia. Desejavam uma profunda reforma na igreja, ou purificação (de onde varia o nome puritano), e o retorno à pregação e prática da Bíblia como norma de fé. Eram Calvinistas em sua maioria.

mesmo ano, começou a frequentar essa congregação em Bedford, embora permanecesse morando em Elstow. Tornou-se membro e diácono em 1653.

O aprisionamento

Seu talento para o ensino e pregação tornaram-se proeminentes, e ele pregava tanto em sua igreja quanto em outras comunidades para onde era convidado. Neste tempo, a Igreja do Estado, ou Anglicana, regulava toda a atividade de pregação, qualquer grupo ou indivíduo que se lhe opusesse era considerado ilegal e consequentemente perseguido.

Entre 1655–60, Bunyan envolveu-se em controvérsias com os Quakers[4]. Os vários panfletos e livretos que produziu durante este período, como resposta à doutrina Quaker, fizeram despontar seu talento literário. O ano de 1658 foi o da morte de sua primeira esposa e do primeiro indiciamento de Bunyan pela atividade ilegal de pregação sem a devida licença da Igreja da Inglaterra, que acabou por não resultar em julgamento ou prisão. No entanto, nem mesmo esses dois tristes fatos impediriam esse arauto divino de permanecer pregando a Palavra de Deus com ousadia.

Em 1659, aos 31 anos, casou-se pela segunda vez com uma jovem que tinha entre 17 e 18 anos, Elizabeth Bunyan, com quem teve

---

4 Grupo religioso protestante inglês fundado na Inglaterra, no século 17, por George Fox. Originalmente chamam-se Sociedade Religiosa de Amigos. O nome Quaker (do inglês "os que tremem") foi inicialmente usado pelos opositores de Fox como zombaria, mas acabou sendo adotado pelo grupo para se definir como "aqueles que tremem diante da Palavra de Deus". Entre suas crenças está a de que todo ser humano tem em si uma iluminação interior sobrenatural do evangelho da verdade. Rejeitam cerimônias religiosas, não possuem um clero (pois creem na igualdade de iluminação).

mais dois filhos. Em 1660, a perseguição aos não-conformistas, ou puritanos, se acirrou. O antigo Livro das Orações, promulgado no reinado de Edward VI (1547–53), foi reativado, e proibido qualquer culto que não seguisse essa liturgia.

Ao saber que Bunyan estaria pregando no vilarejo de Lower Samsall, o juiz Francis Wingate emitiu um mandado de prisão contra ele. Quando estava no meio do sermão, a polícia adentrou o ambiente e o levou preso, onde permaneceu aguardando seu julgamento. Seu indiciamento afirmava, mesmo que não estivesse apoiado por testemunhas: "John Bunyan, da cidade de Bedford, trabalhador, tem se abstido de forma diabólica e perniciosa de vir à igreja para ouvir o culto divino e é defensor comum de várias reuniões ilegais, que causam grande perturbação e distração dos bons súditos deste reino, contrariamente às leis de nosso soberano senhor e rei". Ao pronunciar sua sentença, o juiz Keeling disse: "Ouça seu

Elizabeth Bunyan diante da Corte em Londres em defesa de John Bunyan

julgamento: você será levado novamente à prisão, e por três meses seguidos lá permanecerá. Ao final desses três meses, se não se submeter a ir à igreja ouvir o culto divino, e a abandonar sua pregação, será banido do reino. Ou, se for encontrado pregando de novo sem licença do rei, será enforcado por isso. Digo-lhe sem rodeios. Carcereiro, leve-o!". A resposta de Bunyan foi: "Se me soltarem da prisão hoje, pregarei de novo amanhã, com a ajuda de Deus!". Foi condenado a 12 anos de encarceramento em 12 de novembro de 1660.

Sua esposa apresentou-se diante de juízes de cortes superiores em Londres em duas tentativas de apelação dessa sentença. Outros amigos também intercederam por ele, porém foi tudo em vão.

Apesar do cárcere em Bedford ser repugnante, o tratamento dispensado aos prisioneiros era humanizado. De dentro da prisão, Bunyan participava na fabricação de cadarços para sapatos, o que o ajudava no sustento da família. Recebia visitas regulares,

John Bunyan e sua filha Mary no cárcere em Bedford

especialmente de sua filha cega, que lhe trazia sopa para o jantar, e ele também podia, por vezes, sair da prisão para visitar sua família e pregar. Em uma dessas ocasiões, um sacerdote anglicano soube da saída de Bunyan e o delatou. Porém, neste dia Bunyan sentiu-se espiritualmente incomodado a voltar antes da hora marcada para o presídio. Quando o mensageiro chegou para verificar se todos os prisioneiros estavam em suas celas e bem, a confirmação de que Bunyan estava presente afastou a suspeita. Mais tarde o carcereiro lhe disse: "Você pode sair quando quiser porque sabe melhor do que eu quando deve retornar".

Outra liberdade que também lhe foi conferida foi a de ler, estudar e escrever. Durante esse aprisionamento, Bunyan escreveu sua autobiografia *Graça abundante ao principal dos pecadores*, que foi publicada em 1666. Entre seus livros favoritos, nesta fase de sua vida, estava *O livro dos mártires*, de John Foxxe.

Os últimos anos

Sua soltura ocorreu em 1672, quando foi emitida a Declaração de Indulgência pelo rei Charles II. Foi-lhe dada autorização para pregar na região de Bedforshire com outros 25 ministros. Ficou, então, conhecido como o "bispo Bunyan", dando a entender que seria o líder entre todos eles. O prédio da igreja de Saint John, onde, antes do encarceramento, Bunyan frequentava e pregava, havia retornado à Igreja Anglicana, e a congregação agora se reunia em um celeiro. A fama de Bunyan se espalhou, e até em Londres era convidado a pregar, onde, segundo um registro, em certa manhã gelada 1200 pessoas se reuniram para ouvi-lo. Foi um tempo de descanso e prosperidade para esse provado servo de Deus.

Contudo, em 1675 a atitude do governo para com os puritanos mudou e muitas licenças para pregar foram revogadas, entre elas a de Bunyan. Em março de 1676, após outra ordem de prisão, John Bunyan retornou ao cárcere onde permaneceu por seis meses. A tradição diz, na falta de relatos históricos precisos, que teria sido nesta ocasião que ele teria escrito sua obra mais notável, *O peregrino*, publicado pela primeira vez em 1678.

Devido à sua popularidade, Bunyan teria recebido um indulto real e depois disso desfrutou de liberdade até o fim de sua vida. Sua influência cresceu e seu ministério abrangeu pregações em quase todas as partes da Inglaterra.

Em seus últimos anos de vida, ainda escreveu muitas e excelentes obras, entre as mais conhecidas estão: *The Life and Death of Mr. Badman* (Vida e morte do Sr. Maldoso, 1680), *A Guerra Santa* (1682), *A peregrina* (1684). John Bunyan escreveu um total de 61 obras entre panfletos, livretos e livros.

Morreu de gripe em 31 de agosto de 1688, em Londres, para onde fora apaziguar uma disputa entre pai e filho. Foi sepultado em Bunhill Fields, cemitério dedicado aos puritanos.

Um dos contemporâneos de John Bunyan descreveu assim sua aparência e personalidade:

> *Seu semblante parecia ser o de uma pessoa de temperamento austero e rude, mas em conversa era manso e afável; não era muito dado à loquacidade ou a muitos discursos, a não ser que alguma ocasião urgente o requeresse. Nunca o vi se vangloriar de si mesmo ou de seu quinhão, mas parecia se ver como muito humilde e se submetia ao julgamento de outros. Detestava a mentira e xingamentos, e era leal, em tudo que estava em seu poder, à sua palavra; não revidava injúrias e amava reconciliar diferenças e fazer amizade com todos. Era muito perceptivo e possuía um excelente*

A Peregrina

discernimento de pessoas, tendo bom senso e humor. Quanto à sua pessoa, era alto, de ossos largos, embora não fosse corpulento, suas faces eram de certa forma rosadas, olhos brilhantes, e tinha bigode, como era moda na época. Seus cabelos eram ruivos, mas nos últimos anos já contava com alguns brancos. Seu nariz bem formado não era adunco ou arrebitado, e sua boca, moderadamente grande. Tinha testa alta e sempre se vestia com simplicidade e modéstia. E assim, descrevemos, de maneira imparcial, o interior e o exterior de uma pessoa cuja morte tem-se lamentado muito. Uma pessoa que experimentara os sorrisos e os olhares severos de seu tempo. Que não se orgulhava na prosperidade e nem estremecia diante da adversidade, que sempre sustentou a mensagem áurea.

Nele, brilhavam três grandes eminências:
Era historiador, poeta e pregador em excelência.
Deixem-no repousar na poeira imperturbável,
Até a ressurreição desse santo inculpável.

A PEREGRINA

   modo como o autor envia a segunda parte de *O Peregrino*

Vá, meu Livrinho, a todos lugares, sem demora,
Aonde meu *Peregrino* chegou até agora.
Bata à porta. E se alguém perguntar: Quem está aí?
Responda: É Cristã, que conseguiu chegar até aqui.

JOHN BUNYAN

Se o convidarem para entrar, aceite sem vacilar
Com os seus filhos; e, com a arte que você sabe dominar,
Diga quem são e de onde vieram, se quiserem saber;
Talvez os conheçam de nome ou os queiram conhecer.

Mas se não os conhecerem, pergunte em tom de paz
Se acaso não hospedaram muito tempo atrás
Um Cristão, um Peregrino? E se a reposta for sim,
Que gostaram muito dele, de seu jeito enfim,

Diga-lhes que todos parentes dele são;
Que agora sua esposa e filhos unidos estão.
Para trás deixaram sua casa, seu lar, seu povo;
E agora peregrinos são em busca de um mundo novo.

Que muitas pedras no caminho encontraram;
Sofrimento noite e dia, e com espinhos se depararam,
Que em serpentes pisaram, com demônios tiveram de lutar;
Além de muitas maldades que precisaram sobrepujar.

Sim, fale também do amor à peregrinação,
Daqueles que, com muita firmeza, entraram em ação.
Dos defensores do caminho; e como se recusam a seguir
Os prazeres deste mundo para a vontade do Pai cumprir.

Vá e fale também das coisas boas e da paz
Que a peregrinação ao Peregrino traz.
Assim todos eles haverão de saber que são
Amados do Rei, e sob Seus cuidados estão.

A Peregrina

Fale também das mansões que lhes estão preparadas;
Depois de atravessarem mares, vendavais e chuvas pesadas,
Da calmaria e sossego que encontrarão, com muito amor,
Aqueles que andam firmes nos caminhos do Senhor.

Com as mãos e o coração cheios de amor
eles o abracem talvez
Como fizeram com o seu antecessor;
e com a chegada de vocês,
Dignificá-los-ão e acolherão com alegria e fartura,
Porque os peregrinos eles amam com muita doçura.

OBJEÇÃO 1
Mas e se eles não acreditarem em mim?
Que pertenço a você. Talvez haja alguém assim,
Usando o seu nome e fingindo o Peregrino ser
Imitando e disfarçando o seu modo de viver.

E por meios escusos conseguiram ter acesso
A casas e lares de pessoas que não conheço.

RESPOSTA
É verdade, pode ser que alguns tenham fingido
Ser o Peregrino, e minha identidade possuído;
Sim, alguns meu nome ou meu título usaram,
E, para dar mais veracidade, em livros os gravaram.

Mas se, pelas aparências, eles deixarem claro
Que não são meus, e de outros receberam amparo,

JOHN BUNYAN

Se você encontrar gente assim, então sua única saída
Será dizer de tal forma que por todos será entendida.

Diga em sua língua pátria, que até o momento
Homem algum teve a ousadia de tal fingimento.
Se, afinal, eles continuarem a duvidar e, insanos,
Pensarem que vocês são semelhantes a ciganos,

Que, com falsa sabedoria, o país querem macular;
Ou que procuram os ingênuos para ludibriar
Com informações enganosas; envie-os a mim,
E que vocês são peregrinos provarei tintim por tintim.

Sim, provarei que só vocês e mais ninguém
Meus Peregrinos são, e isso lhes cairá bem.

OBJEÇÃO 2
Mas, e se por acaso do Peregrino *eu perguntar*
Àqueles que o odeiam e que só o querem prejudicar,
Como deverei agir quando a essas portas eu bater
E, se diante de tal pergunta, eles vierem a se enfurecer?

RESPOSTA
Não se apavore, meu Livro; esses bichos-papões
Nada mais são que temores sem justificações.
Meu Peregrino *terras e mares atravessou*
E tal façanha nem eu nem ninguém jamais explicou

Como ele nunca foi menosprezado nem enxotado
Por nenhum reino, não importa se pobre ou abastado.

A Peregrina

Na França e em Flandres,[1] onde os homens
vivem em luta renhida,
Como um amigo e irmão, o Peregrino
recebe agradável acolhida.

Na Holanda também, assim fui sabedor,
Às vezes meu Peregrino mais que ouro tem valor.
Com isso também concordam escoceses e irlandeses
Que entre eles o meu Peregrino circulou muitas vezes.

E até na Nova Inglaterra, lugar tão avançado,
É o local onde ele é muito querido e prestigiado.
Como se fosse aparado, e de joias revestido,
Exibindo seus atributos nas terras que tem percorrido.

Meu Peregrino caminha com tal delicadeza,
Que milhares dele falam dia e noite com nobreza.
Se você se aproximar um pouco mais, vai perceber
Que o meu Peregrino não tem nada a temer.

Em cidades e países com honrarias ele é recebido,
Sim, o Peregrino; com muito amor também é acolhido
Com sorrisos quando o meu Livro veem
Ou quando ele se apresenta ao lado de alguém.

Abraçado e amado por cavalheiros valentes,
Todos gostam dele, sim, e, vindos de todas as frentes,
Dão-lhe o devido valor; com muita alegria dizem: Sim,
Mais vale um pouco do bom do que muito do ruim.

---

1   Região ao norte da Bélgica.

JOHN BUNYAN

Todas as mulheres, jovens e fidalgas também,
Ao meu Peregrino dizem querer bem;
Nos estojos de cada uma, no peito e no coração,
O meu Peregrino lhes causa grande emoção.

Seus belos enigmas de tão amplas variedades,
Suavizam suas grandes dores e muitas saudades
Ao lê-lo; sim, talvez eu seja exageradamente ousado
Ao dizer que mais que o ouro ele é valorizado.

As criancinhas que na rua gostam de andar,
Se por acaso o meu Peregrino uma delas encontrar
Vai saudá-lo, vai amá-lo, vai dizer com sentimento
Que ele é o único e ímpar rapazola do momento.

Aqueles que nunca o viram, mas muito admiram
O que sobre ele foi dito, grande desejo sentiram
De estar em sua companhia e ouvir o grande ensino
Contado nas histórias tão conhecidas do Peregrino.

Sim, alguns que no começo dele não gostaram,
E chamaram-no de tolo, bobalhão, assim falaram,
Agora que o viram e ouviram, elogios não lhe faltarão.
E vão enviá-lo a todos os que o amam de coração.

Portanto, minha doce Peregrina, não se assuste
Ao levantar a cabeça; ninguém lhe preparará um embuste.
Aquele que veio antes de você assim desejou
Porque com uma segunda história você chegou.

A Peregrina

Com uma história de coisas boas, ricas e proveitosas
Para os jovens, para os vacilantes e para pessoas idosas.

OBJEÇÃO 3
Mas há alguém que diz que alto demais ele ri,
E outros: Em sua cabeça muitos sonhos eu vi.
Que suas palavras e histórias são muito complicadas.
Sozinhos eles não encontram as suas pegadas.

RESPOSTA
Alguém, penso, dirá que seus risos e gritos distantes
Podem ser adivinhados ao ver seus olhos lacrimejantes.
Algumas coisas são assim por natureza e, seja como for,
Provocam riso falso, enquanto o coração sente apenas dor.

Quando Jacó viu Raquel o rebanho a pastorear,
Ele desejou ao mesmo tempo beijar e chorar.
Há uma nuvem em sua cabeça, alguém diria.
Sim, é provável, mas ela cobre a sua sabedoria

Com seus mantos, e pensamentos agitam-lhe a mente
Para procurar o poço e encontrá-lo prazerosamente.
Coisas que parecem ocultas em palavras intricadas
Mas que deixam as mentes piedosas mais fascinadas,

Para estudar o que aquelas palavras deveriam conter,
Que em versos tão enevoados nos vêm dizer.
Conheço também uma semelhança sombria
Que se intromete ainda mais na curiosa fantasia,

JOHN BUNYAN

E se fixa na cabeça e no coração, mais apressada
Do que coisa semelhante não emprestada.
Portanto, meu Livro, não fique desanimado
A ponto de não fazer essa viagem. Você foi enviado

Aos amigos, não inimigos; amigos que o acolherão
Junto com seus peregrinos, e suas palavras aceitarão.
E tudo aquilo que o meu Peregrino ocultou
Você, minha valente e corajosa Peregrina, revelou.

O que o Cristão trancou, e seu caminho seguiu,
A meiga Cristã com a sua chave o abriu.

OBJEÇÃO 4

De seu método, houve quem não entendeu nada:
Um romance, disseram; joga-o na beira da estrada.
O que direi se eu encontrar pessoas assim?
Devo desprezá-las como desprezaram a mim?

RESPOSTA

Minha Cristã, se tais pessoas você um dia encontrar
Faça o possível para com amor sempre as saudar;
Aceite-as, e nunca as insulte por meio de zombaria.
Se alguém franzir o cenho, peço-lhe este favor: sorria.

Talvez um falso relato, o que é muito natural,
Tenha provocado algum desprezo ou coisa igual.
Alguns não gostam de maçãs; outros detestam figos.
Há quem não ame a família e despreze os amigos.

A Peregrina

Alguns gostam de peixe, mas de carne nem pensar;
Não amam os passarinhos que voam livres pelo ar.
Abandone essa gente, minha Cristã, dê-lhes a opção,
Procure encontrar pessoas que com alegria a acolherão.

Seja humilde e de modo algum se esforce.
Apresente-se a eles como se o Peregrino fosse.
Siga adiante e a todos mostre, meu Livrinho querido,
O que é alegria e você será muito bem recebido.

Esconda do resto o que por perto você deve manter;
E tudo o que você lhes mostrar uma bênção poderá ser,
E lhes fará bem; e que todo o esforço que você empreendeu
Os torne Peregrinos muito melhores do que você e eu.

Vá e conte a todo mundo quem você é, e então
Diga: Sou Cristã, e agora esta é a minha missão:
Com meus quatro filhos vou dizer qual é o destino
Dos homens que desejam ser iguais ao Peregrino.

Vá e diga também a eles como devem proceder
Agora que peregrinos como você haverão de ser.
Diga: Apresento-lhes Misericórdia, minha vizinha
Que, na peregrinação, há muito tempo comigo caminha.

Venha, olhe para sua face virginal e tente discernir
Quem são os tolos e quem são os peregrinos que hão de vir.
Sim, que as jovens donzelas com ela queiram aprender
Com sabedoria como será o mundo que um dia vamos ver.

JOHN BUNYAN

Quando as donzelas saltitantes seguem ao Senhor,
E deixam sob Sua disciplina o antigo proceder pecador,
É como nos tempos em que os jovens gritavam:
Hosana! enquanto os mais velhos ridicularizavam.

Fale também do velho Honesto que você encontrou,
Do ancião de cabelos brancos que o solo do Peregrino *pisou.*
Sim, fale daquele homem que, carregando sua cruz,
Com o coração cheio de amor seguiu o bom Jesus.

Quem sabe alguns anciões, pelo peso da idade vergados,
Por Cristo se apaixonem e venham a lamentar seus pecados.
Conte a eles também como o senhor Receoso peregrinou
E explique com cuidado como o seu tempo passou

Com medo e chorando, em completa solidão;
E como, por fim, o prêmio segurou com a mão.
Ele era um bom homem, de espírito abatido, pecador,
Mas continua a ser bom, e da vida é merecedor.

E sobre o senhor Mente-Fraca não deixe de falar
Que atrás dos outros, não na frente, gostava de andar.
Mostre-lhes, também, como ele quase foi trucidado,
E pelas mãos de Grande Coração foi reanimado.

Faltava-lhe graça, apesar de ter bom coração,
Mas havia piedade verdadeira em sua feição,
Sobre o senhor Claudicante conte sua história,
Aquele homem de muletas, despojado de glória.

A Peregrina

Conte como ele e o senhor Mente-Fraca se gostavam
E explique que em quase tudo ambos concordavam.
Apesar de suas fraquezas, não deixe de falar
Que enquanto um cantava, o outro conseguia dançar.

Do senhor Peleja-pela-Verdade, ainda muito jovem,
Não se esqueça de falar de sua grande coragem:
Diga a todos que seu coração era por demais valente;
Ninguém jamais foi capaz de desafiá-lo frente a frente.

E como Grande Coração e ele não puderam resistir
Ao desejo de o Desespero e o Castelo da Dúvida destruir.
Do senhor Desânimo nunca se esqueça de falar
E com sua filha Cheia-de-Pavor, sempre mentiras a contar.

Sob tais mantos, eles (e outros) deixam transparecer
Que Deus os abandonou e de todos veio a se esquecer.
E assim continuaram a jornada, até descobrirem no final
Que o Senhor dos Peregrinos sempre foi seu amigo leal.

Quando você de todas essas coisas ao mundo falar,
Dê meia-volta, meu Livro, e as cordas comece a tocar.
Se forem bem tocadas, uma bela música produzirão
Fazendo coxos dançarem e gigantes caírem ao chão.

Aqueles enigmas que reclinam em seu peito
Apresente-os e exponha-os; e quanto ao conceito
De seus misteriosos versos, deixe-os ficar
Com aqueles cujas fantasias ágeis os vão ganhar.

Que este Livrinho leve a bênção do Senhor
Àqueles que a ele e a mim dedicam muito amor;
E quem o comprar, que jamais venha a reclamar:
Perdi o dinheiro que não precisava gastar.

Sim, que A Peregrina produza aquele fruto genuíno,
O fruto semelhante à bela harmonia de O peregrino;
E que aqueles que se extraviaram convencidos sejam
A voltar, de coração, ao caminho certo que tanto almejam.

Esta é a oração de John Bunyan, o autor.

CAPÍTULO 1
Cristã e Misericórdia

Prezados leitores, algum tempo atrás eu lhes contei um sonho que tive do peregrino Cristão e de sua perigosa viagem rumo à Cidade Celestial. Foi um sonho muito agradável para mim e proveitoso para vocês. Contei-lhes também o que vi a respeito de sua esposa e filhos, e tal foi a falta de vontade da parte deles de acompanhá-lo na peregrinação, que ele se viu forçado a seguir viagem sozinho por não querer correr o risco de enfrentar a ruína que tanto temia se permanecesse com eles na Cidade da Destruição. Por esse motivo, conforme relatei, ele partiu sozinho.

JOHN BUNYAN

O autor e Sagacidade

A Peregrina

Ora, acontece que, em razão das numerosas ocupações que me impediram de dar continuidade às minhas costumeiras viagens àqueles lugares de onde ele partiu, não tive até agora a oportunidade de prosseguir minhas indagações a respeito de quem Cristão deixou para trás, para dar-lhes notícias a respeito deles. Recentemente, porém, comecei a preocupar-me um pouco com o assunto e decidi seguir mais uma vez naquela direção. Depois de instalar-me em uma floresta a aproximadamente 1,5 quilômetro do local, dormi e sonhei novamente.

No sonho, vi um ancião passar pelo lugar onde me deitei e, como ele seguia na mesma direção em que eu viajava, decidi levantar-me para acompanhá-lo. Enquanto caminhávamos juntos, começamos a conversar, como fazem os viajantes. Nossa conversa girou em torno de Cristão e suas viagens. Fui eu quem puxou o assunto com o ancião:

—Senhor — perguntei —, que cidade é aquela lá embaixo, à nossa esquerda?

SAGACIDADE (era esse o seu nome): É a Cidade da Destruição, um lugar populoso, mas seus habitantes são muito preguiçosos e de mau temperamento.

—Penso — eu disse — que é a cidade por onde passei certa vez, portanto, sei que o senhor está falando é a verdade.

SAGACIDADE: Sim, é a pura verdade. Gostaria de poder falar bem de seus habitantes, sem ter de mentir.

—Senhor — repliquei —, percebo que é um homem de boas intenções, alguém que tem prazer em ouvir e contar o que é bom. Por acaso o senhor sabe o que se passou algum tempo atrás com um homem nessa cidade, cujo nome era Cristão, que seguiu em peregrinação rumo a lugares mais altos?

SAGACIDADE: Sei, sim! E também ouvi falar das importunações, problemas, guerras, cativeiros, gritos, gemidos, medos e temores que enfrentou durante a viagem. Além disso, é mister contar-lhe, toda a nossa região conhece sua história. Há poucas pessoas que, depois de terem ouvido falar dele e de seus feitos, não queiram saber dos fatos ocorridos em sua peregrinação. Sim, posso dizer que sua arriscada viagem atraiu muitos simpatizantes com seu caminho. Enquanto esteve aqui, todos o consideravam louco, mas, depois de sua partida, passou a ser muito elogiado. Dizem que ele vive magnificamente onde se encontra agora. Muitos que nunca se aventuraram a correr riscos semelhantes ambicionam possuir o que ele conquistou.

—Devem pensar assim mesmo — eu disse —, desde que pensem na verdade, que ele vive feliz onde está. Porque agora vive junto à Fonte da Vida, e tudo consegue sem fadiga nem tristeza, porque sofrimento lá não existe.

SAGACIDADE: Há muita conversa! Falam dele de modo estranho. Uns dizem que agora anda com uma vestidura branca, com um cordão de ouro em volta do pescoço e traz na cabeça uma coroa de ouro cravejada de pérolas.[1]

Outros dizem que os Seres Resplandecentes, que lhe apareceram algumas vezes durante a viagem, tornaram-se seus companheiros, e que andam sempre juntos, como fazem os nossos vizinhos aqui.[2]

---

[1] "Tens, contudo, em Sardes, umas poucas pessoas que não contaminaram as suas vestiduras e andarão de branco junto comigo, pois são dignas" (APOCALIPSE 3:4).

"Então, a cada um deles foi dada uma vestidura branca, e lhes disseram que repousassem ainda por pouco tempo, até que também se completasse o número dos seus conservos e seus irmãos que iam ser mortos como igualmente eles *foram*" (APOCALIPSE 6:11).

[2] "Assim diz o Senhor dos Exércitos: Se andares nos meus caminhos e observares os meus preceitos, também tu julgarás a minha casa e guardarás os meus átrios, e te darei livre acesso entre estes que aqui se encontram" (ZACARIAS 3:7).

A Peregrina

Além disso, afirma-se com confiança que o Rei do palácio onde ele vive já lhe concedeu uma habitação muito rica e agradável na corte. Eles comem, bebem, andam e conversam juntos todos os dias, e ele recebe os sorrisos e os favores daquele que é o Juiz de todos.[3]

E mais: segundo alguns, o Príncipe, o Senhor daquele país, em breve visitará estas terras e vai querer saber, se alguém conseguir explicar, os motivos de tanto desprezo, de tanto escárnio da parte de seus vizinhos, quando perceberam que ele decidiu ser um peregrino.[4]

Porque, segundo dizem, agora ele é tão estimado por seu Príncipe, e seu Soberano está tão preocupado com as afrontas que foram lançadas contra Cristão quando se tornou peregrino, que as considera como feitas a si mesmo. E não é de admirar, porque foi o amor de Cristão por seu Príncipe que o levou a aventurar-se daquela forma.[5]

—Atrevo-me a dizer — prossegui — que me alegro com isso. Estou feliz pelo pobre homem, porque agora ele descansa das suas fadigas.[6] Agora ele colhe o benefício da alegria por ter semeado com lágrimas.[7]

---

3 "Ora, ouvindo tais palavras, um dos que estavam com ele à mesa, disse-lhe: *Bem-aventurado* aquele que comer pão no reino de Deus" (LUCAS 14:15).

4 "Quanto a estes foi que também profetizou Enoque, o sétimo depois de Adão, dizendo: Eis que veio o Senhor entre suas santas miríades, para exercer juízo contra todos e para fazer convictos todos os ímpios, acerca de todas as obras ímpias que impiamente praticaram e acerca de todas as *palavras* insolentes que ímpios pecadores proferiram contra ele" (JUDAS 14,15).

5 "Quem vos der ouvidos ouve-me a mim; e quem vos rejeitar a mim me rejeita; quem, porém, me rejeitar rejeita aquele que me enviou" (LUCAS 10:16).

6 "Então, ouvi uma voz do céu, dizendo: Escreve: *Bem-aventurados* os mortos que, desde agora, morrem no Senhor. Sim, diz o Espírito, para que descansem das suas fadigas, pois as suas obras os acompanham" (APOCALIPSE 14:13).

7 "Os que com lágrimas semeiam com júbilo ceifarão. Quem sai andando e chorando, enquanto semeia, voltará com júbilo, *trazendo* os seus feixes" (SALMO 126:5,6).

Escapou da artilharia de seus inimigos e está fora do alcance dos que o odeiam. Alegro-me também por saber que o rumor de todos esses acontecimentos encontrou eco neste lugar. Quem sabe isso possa exercer influência em todos os que foram deixados para trás! Mas, enquanto me lembro, o senhor sabe alguma notícia da esposa e dos filhos dele? Pobres criaturas! Imagino o que pode ter sido feito deles.

SAGACIDADE: Quem? Cristã e seus filhos? Parece que se sentem tão felizes quanto o próprio Cristão. Embora tenham agido tolamente no início, sem deixar-se persuadir pelas lágrimas nem pelas súplicas de Cristão, algumas reflexões posteriores operaram maravilhas neles. Prepararam-se para a viagem e foram ao encalço dele.

—Muito melhor! — eu disse. — Que surpresa! Foram todos? A esposa e os filhos?

SAGACIDADE: Sim. Posso fazer-lhe um relato sobre o assunto, porque estava lá no instante em que partiram e tomei conhecimento de tudo o que se passou.

—Posso então — perguntei —, passar esta história adiante por ser verdadeira?

SAGACIDADE: Não tenha medo de confirmá-la. Todos partiram em viagem, a bondosa senhora e seus quatro filhos. E já que vamos percorrer uma longa caminhada juntos, assim imagino, vou lhe contar a história inteira.

A tal Cristã (como assim passou a ser chamada desde o dia em que ela e seus filhos se dispuseram a viver como peregrinos), depois que seu marido atravessou o rio e ela não mais recebeu notícias dele, assim não podia evitar os pensamentos que sempre lhe vinham à mente: primeiro, por ter perdido o marido e também porque o laço de amor que os unia foi totalmente rompido entre eles. Porque você sabe, assim ele me disse, a natureza nada pode fazer a não ser alimentar a vida com uma penosa lembrança da perda de um relacionamento de amor. E essa perda custou-lhe muitas lágrimas. Mas isso não foi tudo. Cristã também começou a pensar se sua conduta inadequada para com seu marido não fora a causa de não mais o ter visto, e se não fora esse motivo de ele lhe ser tirado. E, como enxames, os pensamentos povoaram-lhe a mente sobre todas as suas atitudes grosseiras, artificiais e ímpias ao seu querido amigo, que também lhe obstruíam a consciência e a carregavam de culpa. Acima de tudo, ela se sentia destruída ao lembrar-se dos gemidos inquietos, das lágrimas salgadas e dos lamentos de seu marido, e de como seu coração endureceu diante de todas as carinhosas tentativas dele de convencê-la (não somente a ela, mas aos filhos também) a acompanhá-lo. Tudo o que Cristão havia dito ou feito diante dela durante todo o tempo em que carregou seu fardo nas costas vinha-lhe agora à mente como um raio e lhe despedaçava o coração. Sobretudo o brado pungente dele: "O que devo fazer para ser salvo?", soava em seus ouvidos dolorosamente.

Então ela disse aos meninos: "Estamos perdidos, filhos. Pequei e seu pai se foi. Suplicou-nos que o acompanhássemos, mas não concordei e também fui um obstáculo na vida de vocês". Ao ouvir essas palavras, os meninos irromperam em lágrimas e suplicaram para ir ao encontro do pai. "Ah! Quem dera tivéssemos a felicidade de acompanhá-lo. Tudo estaria bem conosco, muito melhor que agora! Antes, em minha insensatez, imaginava que as preocupações de seu pai procediam de uma tola fantasia ou de uma excessiva melancolia. Agora, e esse pensamento não me sai da cabeça, vejo que o motivo era diferente, eu sei, pois ao pai de vocês foi concedida a Luz das luzes, com a ajuda da qual, segundo entendo, ele escapou dos laços da morte", disse Cristã.[8]

Todos voltaram a chorar e a bradar: "Ó, que infortúnio!".

Na noite seguinte, Cristã teve um sonho no qual viu aberto diante de si um grande rolo de pergaminho onde estavam registradas todas as suas ações; e os tempos, assim ela pensou, lhe pareciam muito sombrios. Então ela clamou alto, ainda dormindo: "Senhor, tem misericórdia desta pecadora!".[9]

---

8 "Porque, se alguém é ouvinte da palavra e não praticante, assemelha-se ao homem que contempla, num espelho, o seu rosto natural; pois a si mesmo se contempla, e se retira, e para logo se esquece de como era a sua aparência. Mas aquele que considera, atentamente, na lei perfeita, lei da liberdade, e nela *persevera*, não sendo ouvinte negligente, mas operoso praticante, esse será bem-aventurado no que realizar" (TIAGO 1:23-25).

9 "O publicano, estando em pé, longe, não ousava nem ainda levantar *os olhos* ao céu, mas batia no peito, dizendo: Ó Deus, sê propício a mim, pecador!" (LUCAS 18:13).

A Peregrina

E os filhos ouviram suas palavras.

Depois disso, ela imaginou ter visto ao lado de sua cama dois seres mal-encarados, que diziam: "O que faremos com esta mulher que, dormindo ou acordada, clama por misericórdia? Se ela continuar assim, nós a perderemos como perdemos seu marido. Precisamos, de uma forma ou de outra, afastar seus pensamentos do que vai acontecer no porvir, caso contrário, nada neste mundo poderá impedi-la de ser peregrina".

Tremendo e transpirando muito, ela despertou, mas depois de alguns instantes, voltou a dormir. E então, assim lhe pareceu, viu Cristão, seu marido, em um lugar feliz, entre muitos seres imortais em pé, dedilhando uma harpa diante daquele que estava sentado em um trono, com um arco-íris em torno da cabeça. Depois ela viu o marido curvar-se humildemente com o rosto voltado para o estrado embaixo dos pés do Príncipe e dizer: "Agradeço de todo o coração ao meu Senhor e Rei por me ter trazido a este lugar". Então um grupo dos que estavam por perto começou a falar em alta voz e a tocar harpas, mas ninguém conseguia compreender suas palavras, a não ser Cristão e seus companheiros.

Na manhã seguinte, ela levantou-se e orou a Deus. Enquanto conversava com os filhos, alguém bateu com força na porta. De dentro, ela gritou: "Se vem em nome de Deus, entre". Ele disse: "Amém", abriu a porta e saudou-a: "Paz seja nesta casa!". E complementou: "Cristã, você sabe por que estou aqui?". Trêmula e com o rosto enrubescido, Cristã sentiu o coração começar a derreter-se, ardendo de desejo de saber de onde ele vinha e qual era sua mensagem para ela. Então, ele lhe disse: "Meu nome é Segredo e habito com os que vivem lá no alto. Onde resido, corre a notícia de que você deseja ir para lá. Sabe-se também que você está consciente do mal que praticou a seu marido, ao endurecer seu coração para não o acompanhar e mantendo seus filhos na ignorância. Cristã, o Misericordioso enviou-me para dizer-lhe que é o Deus pronto a perdoar e se alegra em multiplicar perdão às ofensas recebidas. Quer também que você saiba que Ele a convida para entrar em Sua presença e sentar-se à Sua mesa. Ele a alimentará com os manjares de Sua casa, e lhe dará a herança de Jacó, seu pai.

Cristão, que era seu marido, ali habita com milhares de companheiros, sempre contemplando aquele rosto que ministra vida aos que olham para Ele; e todos se alegrarão ao ouvir o som de seus passos atravessando o limiar da casa de seu Pai.

Cristã, extremamente envergonhada, curvou a cabeça em postura de humilhação. O visitante prosseguiu dizendo: "Cristã, esta é uma carta que lhe trago da parte do Rei de seu marido". Cristã pegou a carta e, ao abri-la, o mais delicioso de todos os perfumes desprendeu-se dela.[10]

Escrita em letras de ouro, a carta dizia que o Rei manifestava o desejo de que ela seguisse o exemplo do marido, porque aquele era o caminho para chegar à Sua Cidade e habitar em Sua presença com júbilo eterno. Tomada pela emoção, a bondosa mulher perguntou em voz alta ao visitante: "O senhor nos levaria, a mim e meus filhos, para adorarmos também esse Rei?".

E o visitante respondeu: "Cristã! O amargo vem antes do doce. Para entrar na Cidade Celestial, você enfrentará tantas dificuldades quanto aquele que a precedeu. Aconselho-a, portanto, a fazer o que Cristão, seu marido, fez. Dirija-se ao portão bem distante daqui, além da planície; ali encontra-se o começo do caminho que você deverá seguir, e que o Senhor a acompanhe. Aconselho-a também a guardar a carta no peito. Leia-a para você e para seus filhos até que

---

10 "Suave é o aroma dos teus unguentos, como unguento derramado é o teu nome; por isso, as donzelas te amam" (CÂNTICO DOS CÂNTICOS 1:3).

todos a memorizem, porque ela é um dos cânticos que vocês deverão entoar no caminho da peregrinação.[11]

Também você deverá entregá-la no portão mais adiante.

Vi, em meu sonho, que o ancião, ao contar-me essa história, parecia grandemente comovido, mas continuou a falar:

Cristã chamou seus filhos e dirigiu-se a eles: "Meus filhos, vocês devem ter percebido que ultimamente minha alma está muito aflita a respeito da morte de seu pai, não por duvidar de sua felicidade, pois estou satisfeita por saber que agora ele está bem. Muito me afligem também meus pensamentos a respeito de nossa condição, minha e de vocês, que creio ser infeliz demais por natureza. Meu comportamento com seu pai durante sua angústia pesa grandemente em minha consciência, porque endureci o meu coração e o de vocês também, e não quis acompanhá-lo na peregrinação. Não fosse o sonho que tive noite passada e o encorajamento que aquele estrangeiro me trouxe esta manhã, tais pensamentos teriam me destruído completamente. Agora, meus filhos, vamos nos preparar para a viagem em direção ao portão que conduz à Cidade Celestial, para que possamos encontrar seu pai e estar em paz com ele e seus companheiros, de acordo com as leis daquele lugar". Os filhos irromperam em lágrimas de alegria ao ver a disposição da mãe. O mensageiro despediu-se deles, e todos começaram a preparar-se para a viagem.

Enquanto eles se preparavam para partir, duas vizinhas de Cristã bateram à sua porta. Cristã repetiu as palavras de antes: "Se vêm em nome de Deus, entrem". As mulheres ficaram atônitas, porque não estavam acostumadas a ouvir esse tipo de linguagem nem mesmo

---

11 "Os teus decretos são motivo dos meus cânticos, na casa da minha peregrinação" (SALMO 119:54).

da boca de Cristã. No entanto, entraram e viram a bondosa mulher preparando-se para partir.

—Vizinha, — disseram —, o que significa isto?

Cristã dirigiu-se à mais velha, cujo nome era Timorata: "Estou-me preparando para uma viagem". (Timorata era filha do homem que se encontrou com Cristão no Desfiladeiro da Dificuldade e quis convencê-lo a retroceder por medo dos leões.)

TIMORATA: Para que a viagem?

CRISTÃ: Para ir ao encontro de meu bondoso marido.

Ao dizer essas palavras, Cristã se pôs a chorar.

TIMORATA: Espero que não faça tal coisa, minha boa vizinha. Pelo bem de seus pobres filhos, imploro, não seja tão desumana a ponto de aventurar-se sozinha.

CRISTÃ: Não, meus filhos irão comigo. Nenhum deles quer ficar.

TIMORATA: Pergunto-me quem terá colocado essa ideia em sua cabeça.

CRISTÃ: Ah, vizinha, se você soubesse o que sei, duvido que não me acompanharia.

TIMORATA: Por favor, que novidade é essa que você ficou sabendo a ponto de afastar-se assim de suas amigas e ser tentada a ir a um lugar totalmente desconhecido?

CRISTÃ: Ando muito aflita desde que meu marido foi embora, principalmente desde que atravessou o rio. Porém, mais aflita ainda me sinto por causa do modo rude como o tratei quando ele estava tão atormentado. Além disso, sinto agora o mesmo que ele sentia e nada me impedirá de partir em peregrinação. Eu o vi em sonho esta noite. Como gostaria de estar com ele! Meu marido habita agora na presença do Rei do país. Senta-se e come com Ele à Sua mesa. Convive com seres imortais, e os mais luxuosos palácios deste mundo, como me parece, não passam de chiqueiros se comparados à habitação que foi concedida a Cristão.[12]

O Príncipe do palácio também me chamou com a promessa de ser bem recebida, se for até Ele. Seu mensageiro esteve aqui, agora mesmo, e trouxe-me uma carta convite.

Depois dessa explicação, ela pegou a carta, leu-a e perguntou às vizinhas: "O que vocês têm a me dizer?".

TIMORATA: Ah, seu marido foi acometido de loucura e você também, para correr atrás de tantos problemas! Você sabe, tenho certeza, o que ele enfrentou a partir do primeiro passo que deu, e nosso vizinho Obstinado pode comprovar isso, porque o acompanhou junto com Flexível, até que ambos, por serem sábios, tiveram medo de prosseguir viagem. Além disso, também soubemos que seu marido encontrou leões, Apolião, a Sombra da Morte e muitas outras coisas. Não se esqueça também do perigo que ele enfrentou na Feira das Vaidades. Se ele, sendo homem, teve tantas dificuldades, o que você, pobre mulher, poderá fazer? Pense também que estas

---

[12] "Sabemos que, se a nossa casa terrestre *deste* tabernáculo se desfizer, temos da parte de Deus um edifício, casa não feita por mãos, eterna, nos céus. E, por isso, neste tabernáculo, gememos, aspirando por sermos revestidos da nossa habitação celestial; se, todavia, formos encontrados vestidos e não nus. Pois, na verdade, os que estamos *neste* tabernáculo gememos angustiados, não por querermos ser despidos, mas revestidos, para que o mortal seja absorvido pela vida" (2 CORÍNTIOS 5:1-4).

quatro meigas criaturas são seus filhos, carne da sua carne, sangue do seu sangue. Mesmo que você seja tão imprudente ao lançar-se nessa aventura, ao menos por amor do fruto de seu corpo, não saia de casa.

CRISTÃ: Não me tente, minha vizinha. Agora que tenho uma riqueza colocada em minha mão, seria a maior tola do mundo se não tivesse coragem de agarrar essa oportunidade. Todas as dificuldades que, de acordo com você, vou encontrar no caminho estão longe de desencorajar-me, porque me mostram que tenho razão. O amargo vem antes do doce, e isso também torna o doce mais doce ainda. E se você não veio à minha casa em nome de Deus, conforme eu disse, peço que se retire e não me perturbe mais.

TIMORATA (dirigindo-se à companheira depois de proferir calúnias contra Cristã): Vamos embora, vizinha Misericórdia, ela que faça o que quiser, uma vez que despreza nosso conselho e companhia.

Misericórdia, porém, permaneceu firme e não concordou prontamente com sua vizinha Timorata por dois motivos. Primeiro, porque no íntimo ela se enternecia por Cristã, portanto disse consigo mesma: "Se minha vizinha necessita mesmo partir, eu a acompanharei durante um tempo e a ajudarei". Segundo, enternecia-se pela própria alma (porque as palavras de Cristã ficaram gravadas em sua mente). Assim, voltou a dizer consigo mesma: "Vou conversar um pouco mais com Cristã e, se encontrar verdade e vida no que ela vai dizer, eu a acompanharei de todo o coração".

MISERICÓRDIA (dirigindo-se a Timorata): Vizinha, é verdade que vim com você visitar Cristã esta manhã. E como de fato ela está, conforme você vê, despedindo-se de seu país, penso que poderia acompanhá-la durante um tempo para ajudá-la nesta manhã ensolarada.

A Peregrina

Mas ela não mencionou o segundo motivo; preferiu retê-lo para si.

TIMORATA: Bom, vejo que a loucura também tomou conta de sua mente, mas preste atenção e seja sensata: enquanto estamos fora de perigo, estamos bem; mas quando entramos no perigo, não há saída.

E assim, Timorata voltou para casa e Cristã se dispôs a seguir viagem. Quando, porém, Timorata chegou à sua casa, mandou chamar suas vizinhas Indiferença, Irrefletida, Avoada e Nada-Sabe. Depois de reunir as vizinhas, passou a contar a história de Cristã e de sua planejada viagem.

TIMORATA: Vizinhas, por ter pouco que fazer nesta manhã, fui visitar Cristã. Quando lá cheguei, bati à porta, como é nosso costume. De dentro, ela disse: "Se vem em nome de Deus, entre". Entrei imaginando que tudo estivesse bem, mas a vi preparando-se para partir da cidade com os filhos. Perguntei o que aquilo significava. Ela contou-me, resumidamente, que havia decidido seguir em peregrinação, como fez seu marido. Falou também de um sonho que teve, e de como o Rei do país onde seu marido agora habita enviou-lhe uma carta convidando-a para ir até lá.

NADA-SABE: O quê? Você acha que ela irá?

TIMORATA: Sim, irá de qualquer jeito. E penso assim porque o meu brilhante argumento para convencê-la a ficar em casa, isto é, as dificuldades que provavelmente encontrará no caminho, é um brilhante argumento para ela dar prosseguimento à viagem. E me contou palavra por palavra que o amargo vem antes do doce. Sim, e por mais amargo que seja, torna o doce mais doce ainda.

INDIFERENÇA: Ah, essa mulher tola e cega não aprendeu nada com as aflições do marido? Da minha parte, entendo que se ele estivesse aqui de novo, se contentaria em salvar a pele, sem se arriscar tanto por nada.

IRREFLETIDA (interpelando): Que essas criaturas malucas fiquem longe desta cidade! De minha parte, digo: Bons ventos os levem! Se ela ficasse onde mora e continuasse com as mesmas ideias, quem poderia viver em paz ao seu lado? Ficaria melancólica e afastada dos vizinhos ou falaria de assuntos que ninguém, com um pingo de juízo, poderia suportar. Portanto, de minha parte, não lamento sua partida. Que ela vá embora e que alguém melhor ocupe sua casa. O mundo se perdeu desde que essa gente tola e esquisita passou a viver nele.

AVOADA (acrescentando): Vamos deixar essa conversa de lado. Estive ontem na casa de Madame Sensualidade, onde nos divertimos muito. Imaginem quem estava lá: eu, a Sra. Amor-à-Carne com três ou quatro companheiras além do Sr. Libidinoso, Sra. Imoralidade

A Peregrina

e outros. Havia música e dança e muitas outras coisas que nos propiciam muito prazer. Atrevo-me a dizer que a dona da casa é uma mulher admiravelmente bem-educada, e o Sr. Libidinoso é um fino cavalheiro.

CAPÍTULO 2
O portão

A essa altura, Cristã já seguia seu caminho, acompanhada dos filhos e de Misericórdia. Enquanto prosseguiam, iniciaram este diálogo:

CRISTÃ: Misericórdia, considero inesperado esse favor que você me presta de acompanhar-me um pouco desde que saí de casa.

Replicou a jovem MISERICÓRDIA: Se eu tivesse certeza de que vale a pena partir com a senhora, não voltaria jamais à nossa cidade.

CRISTÃ: Misericórdia, una o seu destino ao meu. Sei muito bem qual será o fim de nossa peregrinação. Meu marido está em um lugar que não trocaria por todas as minas de ouro da Espanha. Você não será rejeitada, embora chegue lá como minha convidada. O Rei que enviou o convite a mim e aos meus filhos alegra-se em ser misericordioso. Além disso, se você quiser, poderei contratá-la e você me acompanhará na qualidade de minha serva. Faremos tudo em conjunto, você e eu. Só peço que me acompanhe.

MISERICÓRDIA: Como poderei ter certeza de que também serei bem recebida? Tivesse eu essa esperança, se alguém mais me pudesse confirmar, eu não ficaria em dúvida. Mas iria, com o auxílio dAquele que pode ajudar, embora saiba que o caminho nunca foi fácil.

CRISTÃ: Querida Misericórdia, vou dizer o que você deve fazer. Acompanhe-me até o portão e lá me informarei a seu respeito. Se lá você não descobrir o encorajamento, entenderei seu desejo de voltar para casa. Também a recompensarei por sua bondade demonstrada para comigo e meus filhos por ter-nos acompanhado até aqui.

MISERICÓRDIA: Então irei e aceitarei o que me for proposto. Que o Senhor me conceda esse direito e que o Rei do Céu tenha piedade de mim!

Cristã ficou muito feliz, não apenas por ter companhia, mas também por ter convencido aquela donzela a cair de amores pela própria salvação. E assim prosseguiram juntas. Misericórdia pôs-se a chorar.

CRISTÃ: Por que está chorando tanto, minha irmã?

MISERICÓRDIA: Ah! Quem não lamenta ao pensar no estado e condição de meus pobres parentes que ainda permanecem em nossa cidade pecaminosa? E o meu sofrimento é maior ainda porque não há ninguém que os instrua, ninguém que lhes conte o que há de acontecer.

A Peregrina

CRISTÃ: Os compassivos tornam-se peregrinos. E você faça por seus amigos o mesmo que o meu bom Cristão fez por mim antes de partir: chorou porque não dei atenção nem a ele nem às suas palavras. Mas o Senhor, tanto dele quanto nosso, recolheu suas lágrimas em Seu odre; e agora eu, você e estes meus amados filhos estamos colhendo o fruto e o benefício delas. Espero, Misericórdia, que essas suas lágrimas não sejam em vão, porque a verdade foi dita:

"Os que com lágrimas semeiam com júbilo ceifarão. Quem sai andando e chorando, enquanto semeia, voltará com júbilo, *trazendo os seus feixes*".[1]

MISERICÓRDIA disse, então:

> Que o Senhor guie meus passos,
> Se assim Ele o desejar.
> E com amor e em Seus braços
> Me acolha em Seu santo lugar.
>
> E que Ele jamais permita
> Que eu mude a direção
> De Seu caminho santo e de graça bendita,
> Qualquer que seja a minha porção.
>
> E que Ele reúna os que são meus,
> Aqueles que deixei para trás.
> Senhor, que eles se tornem Teus,
> Com o coração e a mente em paz.

---

[1] Salmo 126:5,6

Meu amigo prosseguiu o relato. "Quando Cristã chegou ao Pântano do Desânimo, começou a hesitar: 'Porque', ela disse, 'este é o lugar no qual meu querido marido quase foi afogado no lodo'. Ela percebeu também que o caminho estava pior que antes, apesar da ordem do Rei para que fosse agradável aos peregrinos."

Perguntei, então, se era verdade.

SAGACIDADE: Sim, verdade absoluta. Há muitos que, fingindo ser servos do Rei, dizem que estão aperfeiçoando o caminho, mas fazem estardalhaço e trazem lixo em vez de pedras, estragando o lugar em vez de repará-lo. Neste ponto, Cristã e seus filhos hesitaram. Misericórdia, porém, disse: "Vamos em frente, só que com cautela". Em seguida, olharam firme para o caminho e, titubeantes, conseguiram ir em frente. No entanto, várias vezes Cristã quase afundou no pântano. Quando estavam prestes a vencer a travessia, imaginaram ter ouvido estas palavras dirigidas a cada uma delas:

"Bem-aventurada *a* que creu, porque serão cumpridas as palavras que lhe foram ditas da parte do Senhor".[2]

E as duas retomaram a caminhada.

MISERICÓRDIA: Se eu tivesse uma esperança tão grande quanto você de ser acolhida com carinho ao chegar ao portão, penso que nenhum Pântano do Desânimo me desencorajaria.

---

2 Lucas 1:45

A Peregrina

CRISTÃ: Você conhece os seus pontos fracos, e eu, os meus. Minha bondosa amiga, vamos encontrar muitos infortúnios antes de chegar ao fim de nossa viagem. Você pode imaginar que pessoas como nós, que tentam alcançar tão excelsas glórias e são tão invejadas pela felicidade que sentem, serão atormentadas por medos e terrores, problemas e aflições que possivelmente investirão contra nós por aqueles que nos odeiam?

Nesse ponto, Sagacidade deixou-me a sonhar sozinho. Imaginei ter visto Cristã, Misericórdia e os meninos seguindo em direção ao portão. Assim que se aproximaram, entabularam uma pequena discussão sobre como deveriam bater ao portão e o que diriam ao porteiro. Concluíram que Cristã, por ser a mais velha, deveria bater e falar com o porteiro, para que abrisse o portão ao restante do grupo. Cristã começou a bater; e, como ocorreu com seu pobre marido, bateu várias vezes. Mas, em vez de uma resposta, todos ouviram latidos de um cão na direção deles. Era um cão grande, muito grande, que amedrontou as mulheres e as crianças. Ninguém se atreveu a bater de novo, com medo de que o cão os atacasse. Muito perturbados intimamente, não sabiam o que fazer. Não se atreviam a bater por medo do cão; não se atreviam a retroceder por medo de que o porteiro os visse ir embora e se ofendesse com eles. Finalmente decidiram bater novamente e, desta vez, bateram com muito mais força do que antes. O porteiro perguntou: "Quem é?". O cão parou de latir e o porteiro abriu-lhes o portão.

CRISTÃ (respeitosamente): Peço que nosso senhor não se ofenda com suas servas por termos batido ao seu suntuoso portão.

PORTEIRO: De onde vocês vêm e o que possuem?

CRISTÃ: Viemos do mesmo lugar de onde veio Cristão e com a mesma finalidade, isto é, se nos for concedida graça de atravessarmos este portão que conduz à Cidade Celestial. Devo dizer ao

JOHN BUNYAN

Arauto do Rei

meu senhor que meu nome é Cristã e fui casada com Cristão, que já chegou ao lugar alto.

PORTEIRO (maravilhado ao ouvir as palavras de Cristã): Então aquela que abominava esta vida transformou-se em peregrina?

CRISTÃ (curvando a cabeça): Sim, e meus meigos meninos também.

O porteiro tomou-a pela mão, para que ela entrasse e disse: "Deixai vir a mim os pequeninos"[3] e fechou o portão. Em seguida, chamou um arauto que se encontrava acima do portão para que comemorasse a chegada de Cristã com gritos de júbilo e som de trombetas.[4]

O arauto obedeceu às ordens e notas melodiosas ressoaram no ar.

No entanto, a pobre Misericórdia continuou do lado de fora, tremendo e chorando com medo de ser rejeitada. Porém, logo que recebeu autorização para entrar com os filhos, Cristã começou a interceder pela amiga.

CRISTÃ: Meu senhor, há uma companheira minha lá fora que veio até aqui com o mesmo propósito que eu. Está muito abatida porque veio, assim lhe parece, sem ter sido convidada, ao passo que eu fui chamada pelo Rei de meu marido.

Misericórdia começou a impacientar-se, porque cada minuto lhe parecia uma hora. Impedindo que Cristã continuasse a interceder por ela, passou a bater ao portão com tanta força a ponto de sobressaltar a amiga.

PORTEIRO: Quem está aí?

CRISTÃ: É a minha amiga.

---

3 Lucas 18:16

4 "Digo-vos que, assim, haverá maior júbilo no céu por um pecador que se arrepende do que por noventa e nove justos que não necessitam de arrependimento" (LUCAS 15:7).

Ele abriu o portão e espreitou. Misericórdia havia desmaiado, temendo que o portão não fosse aberto para ela.

PORTEIRO (tomando Misericórdia pela mão): "Menina, eu te mando, levanta-te".[5]

MISERICÓRDIA: Ah, senhor, minha vida está-se esvaindo.

PORTEIRO: Houve um que disse: "Quando, dentro de mim, desfalecia a minha alma, eu me lembrei do Senhor; e subiu a ti a minha oração, no teu santo templo".[6]

Não tenha medo, ponha-se em pé e diga-me o motivo de sua vinda.

MISERICÓRDIA: Venho em busca daquilo para o qual não fui convidada, como ocorreu com minha amiga Cristã. Ela recebeu o convite do Rei, e eu recebi o convite dela, por isso estou com medo.

PORTEIRO: Ela quis que você a acompanhasse até aqui?

MISERICÓRDIA: Sim, e conforme, meu senhor, pode ver, eu vim. E se me forem concedidos graça e perdão dos meus pecados, suplico que esta sua humilde serva seja também merecedora.

Tomando-a de novo pela mão, o porteiro conduziu-a carinhosamente para dentro do portão e disse: "'Não rogo somente por estes, mas também por aqueles que vierem a crer em mim'".[7] E prosseguiu

---

5   Marcos 5:41

6   Jonas 2:7

7   João 17:20

dizendo aos que estavam por perto: "Tragam-me uma planta aromática para Misericórdia cheirar e recobrar as forças". Trouxeram-lhe, então, um feixe de mirra, e logo depois ela voltou a si.

Cristã, os meninos e Misericórdia foram recebidas pelo Senhor na dianteira do caminho e Ele lhes dirigiu palavras bondosas.

E todos dirigiram-se a Ele com estas palavras: "Lamentamos muito pelos nossos pecados e suplicamos que o Senhor nos conceda perdão e nos diga o que devemos fazer".

"Concedo-lhes perdão", Ele disse, "por palavra e por obra: por palavra, na promessa do perdão; por obra, na maneira como o obtive. Recebam a primeira com um beijo de meus lábios; e a outra lhes será revelada".[8]

Vi, então, no sonho, que Ele lhes dirigiu palavras muito bondosas, que as encheram de alegria. Depois levou-as a um lugar alto, acima do portão, e mostrou-lhes as obras pelas quais elas haviam sido salvas. E, para consolá-las, disse que veriam de novo aquela cena ao longo do caminho.

A seguir, deixou-as por um pouco de tempo em uma sala de verão logo abaixo, onde elas começaram a conversar entre si.

CRISTÃ: Ó Senhor, quanto me alegro por termos entrado aqui!

MISERICÓRDIA: Você se alegra, mas eu tenho todos os motivos para saltar de alegria.

CRISTÃ: Cheguei a pensar por um momento, enquanto estava diante do portão (porque bati, mas ninguém atendeu), que todo o nosso trabalho havia sido inútil, principalmente quando aquele cão horrível latiu tanto para nós.

---

8 "Beija-me com os beijos de tua boca; porque melhor *é* o teu amor do que o vinho" (CÂNTICO DOS CÂNTICOS 1:2).
"E, dizendo isto, lhes mostrou *as mãos e o lado*. Alegraram-se, portanto, os discípulos ao verem o Senhor" (JOÃO 20:20).

MISERICÓRDIA: Senti mais medo depois de ver que vocês foram aceitos e receberam Seu favor, e eu fui deixada do lado de fora. Agora, penso, cumpriu-se o que está escrito:

> *Duas [mulheres] estarão trabalhando num moinho, uma será tomada, e deixada a outra.*[9]

Tive de esforçar-me muito para não gritar: Que desgraça, que desgraça! Estava com medo de continuar a bater, mas quando ergui os olhos e vi o que estava escrito acima do portão, senti coragem. E pensei que deveria bater de novo, senão morreria. E, assim, bati, mas não sei como, porque meu espírito lutava entre a vida e a morte.

CRISTÃ: Você não sabe como bateu? Tenho certeza de que suas batidas foram tão intensas, que o som delas me assustou. Penso que nunca ouvi batidas tão fortes em minha vida. Imaginei que você tivesse usado de violência ou entrado no Reino à força.[10]

MISERICÓRDIA: Ai de mim! E no meu caso, quem teria agido de outra forma? Você viu que o portão foi fechado para mim e que havia ali um cão cruel demais. Quem, pergunto, tão apavorado quanto eu estava, não teria batido com todas as suas forças? Por favor, o que o meu Senhor disse a respeito de minha grosseria? Zangou-se comigo?

CRISTÃ: Quando ouviu suas batidas fortes, deu um sorriso maravilhosamente cândido. Creio que se agradou do que você fez, pois não mostrou nenhum sinal de contrariedade. Mas muito me admira que tenha um cão como aquele. Se eu soubesse, receio que não teria coragem suficiente de aventurar-me daquela forma. Mas agora estamos aqui dentro, e o meu coração se enche de alegria.

---

9   Mateus 24:41

10 "Desde os dias de João Batista até agora, o reino dos céus é tomado por esforço, e os que se esforçam se apoderam dele" (MATEUS 11:12).

A Peregrina

MISERICÓRDIA: Se você concordar, na próxima vez que Ele vier aqui, perguntarei para que serve um cão tão asqueroso. Espero que não me leve a mal.

CRIANÇAS: Sim, e convença-o a dar um fim nele, pois temos medo de que ele nos morda quando partirmos daqui.

E, finalmente, quando Ele voltou, Misericórdia prostrou-se diante dele com o rosto em terra e, adorando-o, disse: "Que o meu Senhor aceite o sacrifício de louvor que te ofereço com os sacrifícios dos meus lábios".[11]

"Paz seja com você. Levante-se", Ele disse.

No entanto, continuando em atitude de prostração, ela disse:

> *Justo és, ó Senhor, quando entro contigo num pleito;*
> *contudo, falarei contigo dos teus juízos. Por que prospera o*
> *caminho dos perversos, e vivem em paz todos os que procedem*
> *perfidamente? Plantaste-os, e eles deitaram raízes; crescem,*
> *dão fruto; têm-te nos lábios, mas longe do coração.*[12]

"Por que manténs um cão tão feroz em Tua propriedade, diante do qual estas mulheres e crianças tanto se atemorizam a ponto de querer fugir de medo?".

Assim Ele respondeu: "O cão não é meu, e vive na propriedade de outra pessoa perto daqui. Só os meus peregrinos ouvem seus latidos. O cão pertence ao castelo que você vê mais adiante, mas pode aproximar-se dos muros deste palácio. E assusta muitos peregrinos sinceros e de todos os tipos com seus fortes latidos. Na verdade, o proprietário do cão não tem a intenção de mantê-lo aqui para

---

11 Oseias 14:2

12 Jeremias 12:1,2

servir a mim ou aos que me pertencem, mas para impedir que os peregrinos cheguem até mim, visto que ficam com medo de bater ao portão para entrar. Às vezes ele aparece inesperadamente e assusta os que amo, mas aturo tudo isso com paciência. Também dispenso ajuda oportuna aos meus peregrinos, para que não sejam dominados pela força do cão e para que ele não use seus instintos naturais de agressividade. Mas vocês, a quem comprei, se soubessem disso de antemão, não teriam tido medo de um cão. Os mendigos que batem de porta em porta preferem correr o risco de ser mordidos por um cão a perder suas supostas esmolas. E será que um cão, um cão na propriedade de outra pessoa, um cão cujos latidos eu aproveito em benefício dos peregrinos, teria condições de impedir que alguém viesse até mim? Eu livro-os dos leões, e os seus queridos, das presas do cão.[13]

MISERICÓRDIA: Confesso minha ignorância. Falei do que não entendia.[14] Reconheço que fazes bem todas as coisas.

Cristã começou, então, a falar de sua viagem e fez perguntas a respeito do caminho. O Senhor os alimentou e lavou os pés de todos;[15] e indicou-lhes o caminho certo como havia feito a Cristão.

Vi no sonho que, enquanto eles seguiam seu caminho, o clima muito lhes favorecia.

---

13 Salmo 22:20

14 "Quem é aquele, como disseste, que sem conhecimento encobre o conselho? Na verdade, falei do que não entendia; coisas maravilhosas demais para mim, coisas que eu não conhecia" (JÓ 42:3).

15 "...levantou-se da ceia, tirou a vestimenta de cima e, tomando uma toalha, cingiu-se com ela. Depois, deitou água na bacia e passou a lavar os pés aos discípulos e a enxugar-lhos com a toalha com que estava cingido. Aproximou-se, pois, de Simão Pedro, e este lhe disse: Senhor, tu me lavas os pés a mim? Respondeu-lhe Jesus: O que eu faço não o sabes agora;

A Peregrina

Cristã começou a cantar:

> *Bendito seja o dia, sempre vou dizer,*
> *Que peregrina eu decidi ser;*
> *E bendito seja o meu bom marido*
> *Pois com sua ajuda meu dever foi cumprido.*
>
> *Muito tempo atrás comecei a pensar*
> *Que a vida eterna gostaria de alcançar,*
> *Mas agora meu passo é rápido e acelerado.*
> *Antes tarde do que nunca — sigo esse ditado.*
>
> *Todas as nossas lágrimas e cada temor*
> *Transformaram-se em alegria e fervor.*
> *E o nosso começo (como disseram a mim)*
> *Mostrará, então, como será o nosso fim.*

Do outro lado do muro que protegia o caminho no qual Cristã e seu grupo deveriam seguir, havia um jardim; e aquele jardim pertencia ao dono do cão já mencionado, que os ameaçou com seus latidos. Os ramos de algumas árvores frutíferas que cresciam naquele jardim pendiam sobre o muro. E por serem agradáveis ao paladar, as frutas eram colhidas por quem as via e faziam mal aos que as comiam. Os filhos de Cristã, como fazem todas as crianças, atraídos pelas árvores e pelas frutas que produziam, colheram-nas

---

compreendê-lo-ás depois. Disse-lhe Pedro: Nunca me lavarás os pés. Respondeu-lhe Jesus: Se eu não te lavar, não tens parte comigo. Então, Pedro lhe pediu: Senhor, não somente os pés, mas também as mãos e a cabeça. Declarou-lhe Jesus: Quem já se banhou não necessita de lavar senão os pés; quanto ao mais, está todo limpo..." (JOÃO 10:4-10).

e começaram a comê-las. A mãe os repreendeu, mas as crianças não lhe deram ouvidos.

CRISTÃ: Meus filhos, vocês cometeram um pecado, porque essas frutas não nos pertencem.

Ela, porém, desconhecia que pertenciam ao inimigo. Garanto-lhes que, se soubesse, teria morrido de medo. Mas tudo passou e os peregrinos prosseguiram a viagem. Um pouco mais adiante do portão por onde saíram, avistaram dois seres mal-encarados vindo na direção deles. Cristã e Misericórdia, sua amiga, cobriram-se com seus véus e continuaram a caminhar. As crianças seguiram um pouco à frente, mas logo todos estavam juntos. Os dois aproximaram-se das mulheres como se quisessem abraçá-las, mas Cristã disse: "Afastem-se ou passem por nós em paz, como é o seu dever". Os dois, porém, fazendo-se de surdos, não deram ouvidos às palavras de Cristã e começaram a colocar as mãos sobre elas. Cristã, fortalecida por grande ira, agrediu-os com pontapés. Misericórdia também fez o possível para afugentá-los. Cristã tornou a dizer-lhes:

CRISTÃ: Afastem-se e vão embora. Não temos dinheiro. Somos peregrinas, como veem, e dependemos da caridade de amigos para viver.

SERES RESPULSIVOS: Não somos assaltantes nem queremos dinheiro. Viemos dizer-lhes que, se atenderem a um pequeno pedido nosso, faremos de vocês grandes mulheres para sempre.

A Peregrina

Seres Repulsivos

CRISTÃ (imaginando o que diriam): Não queremos ouvir, não queremos dar atenção nem atender ao seu pedido. Temos pressa e não podemos parar. Nosso assunto é de vida ou morte.

De novo, ela e o grupo tentaram passar por eles, mas foram impedidos.

SERES REPULSIVOS: Não temos intenção de prejudicar a vida de vocês; desejamos outra coisa.

CRISTÃ: Ah! Eu sei. Vocês querem apoderar-se de nosso corpo e de nossa alma. É para isso que vieram, mas preferimos morrer aqui a cair nas ciladas que prejudicarão nossa vida daqui em diante.

E as duas mulheres gritaram juntas com toda força: "Assassinos! Assassinos!", e, dessa forma, colocaram-se sob o amparo das leis estabelecidas para proteção das mulheres.[16]

Os homens, contudo, continuaram a assediar as mulheres, com o propósito de dominá-las; elas gritaram novamente.

Pelo fato de estarem, conforme eu disse, não muito distantes do portão por onde saíram, seus gritos foram ouvidos. Alguns saíram da casa e, ao ver que os gritos eram de Cristã, apressaram-se para socorrê-la. Quando localizaram as mulheres, viram que estavam muito transtornadas, e as crianças choravam. Aquele que veio para ajudar o grupo dirigiu-se aos malfeitores: "O que vocês estão fazendo? Querem obrigar estas mulheres a pecar?". Ao tentar prendê-los, eles fugiram por cima do muro do jardim do homem a quem o cão pertencia, e o cão passou a protegê-los. Auxílio, esse era o nome do homem que veio para socorrê-las, aproximou-se das

---

16 "Se houver moça virgem, desposada, e um homem a achar na cidade e se deitar com ela [...] à moça não farás nada; ela não tem culpa da morte, porque, como o homem que se levanta contra o seu próximo e lhe tira a vida, assim também é este caso. Pois a achou no campo; a moça desposada gritou, e não houve quem a livrasse" (DEUTERONÔMIO 22:23-27).

mulheres e perguntou como estavam. Elas responderam: "Estamos bem, graças ao seu Príncipe, só que passamos por um grande susto; agradecemos a você também por ter vindo nos ajudar, senão teríamos sucumbido".

AUXÍLIO (depois de ter dito algumas rápidas palavras): Muito me admirei quando vocês atravessaram o portão e não pediram um guia ao Senhor, pois vi que não passavam de duas mulheres frágeis. Assim, teriam evitado esses problemas e perigos, pois certamente Ele lhes teria concedido um guia.

CRISTÃ: Infelizmente ficamos tão encantadas com nossas bênçãos, que nos esquecemos dos perigos que enfrentaríamos. Além disso, quem poderia imaginar que encontraríamos seres tão repugnantes tão perto do palácio do Rei? Na verdade, deveríamos ter pedido um guia ao nosso Senhor. Porém, não sei por que o Senhor, sabendo que precisávamos de ajuda, não nos enviou alguém para nos acompanhar.

AUXÍLIO: Nem sempre é necessário conceder aquilo que não foi pedido, para que, ao ser recebido, não seja muito valorizado. Mas quando se deseja uma coisa, e a recebe, os olhos de quem a recebeu sentem e estimam seu valor, e tal coisa será usada. Se o meu Senhor lhes tivesse concedido um guia, vocês não teriam lamentado seu descuido em não o pedir, como agora lamentam. Portanto, todas as coisas cooperam para o bem[17] e tendem a tornar vocês mais cautelosas.

CRISTÃ: Devemos voltar para confessar ao meu Senhor a nossa tolice e pedir-lhe um guia?

AUXÍLIO: Apresentarei a Ele a confissão de sua tolice. Vocês não precisam voltar, porque nada lhes faltará. Nos aposentos que meu Senhor preparou para receber Seus peregrinos, há o suficiente para

---

[17] "Sabemos que todas as coisas cooperam para o bem daqueles que amam a Deus, daqueles que são chamados segundo o seu propósito" (ROMANOS 8:28).

fornecer-lhes proteção contra tudo. Mas, como lhe disse, Ele deseja ser solicitado a entrar em ação.[18]

E tal coisa é tão insignificante que não vale a pena ser pedida.

Ditas essas palavras, ele voltou ao palácio, e os peregrinos continuaram a viagem.

MISERICÓRDIA: Que desilusão! Pensei que estivéssemos fora de perigo e que não mais sentiríamos tristeza.

CRISTÃ: Sua inocência, minha irmã, a isenta de culpa, mas quanto a mim, meu erro foi muito maior, porque vi o perigo antes de sair de casa e, mesmo assim, não me preveni, apesar de dispor de todos os meios necessários. Portanto, eu é que sou a grande culpada.

MISERICÓRDIA: Como você poderia saber antes de sair de casa? Por favor, decifre-me este enigma.

CRISTÃ: Vou lhe contar. Na véspera de minha partida, depois que me deitei, tive um sonho no qual vi dois homens, parecidos com aqueles e de péssima aparência, aos pés de minha cama, maquinando como poderiam impedir minha salvação. Vou repetir as palavras deles. Disseram (quando eu me encontrava em aflição): "O que faremos com esta mulher que, dormindo ou acordada, clama por misericórdia? Se ela continuar assim, nós a perderemos como perdemos seu marido". Isso deveria ter me alertado de que eu deveria ter sido mais cautelosa e solicitado a provisão quando esta estava disponível.

MISERICÓRDIA: Essa negligência pode nos ter dado a oportunidade de pensarmos em nossas imperfeições. Nosso Senhor aproveitou-a para manifestar as riquezas de Sua graça. Conforme vimos, acompanhou-nos com bondade não solicitada, e livrou-nos das mãos daqueles que eram mais fortes que nós, para Seu deleite.

---

18 "Assim diz o SENHOR Deus: Ainda *nisto* permitirei que seja eu solicitado pela casa de Israel: que lhe multiplique eu os homens como um rebanho" (EZEQUIEL 36:37).

CAPÍTULO 3
Na casa de Intérprete

Depois de conversar um pouco mais, aproximaram-se de uma casa que estava no caminho, construída para descanso dos peregrinos, descrita em detalhes na primeira parte da obra *O peregrino*.[1] Ao chegarem bem próximo à casa (a casa de Intérprete), ouviram um vozerio em seu interior. Prestando atenção, pensaram ter ouvido o nome de Cristã ser mencionado. É preciso informar que, antes mesmo da chegada de Cristã, alguém já havia contado que ela e os filhos haviam partido em peregrinação. E a notícia tornou-se mais agradável ainda quando

JOHN BUNYAN

Inocência

A Peregrina

souberam que a peregrina era a esposa de Cristão, a mulher que, até pouco tempo atrás, não admitia que lhe falassem de tal assunto. Portanto, Cristã e seus acompanhantes continuaram no mesmo lugar e ouviram, no interior da casa, os elogios que lhe faziam, sem saber que ela estava do lado de fora. Finalmente Cristã bateu à porta, como havia feito antes diante do portão. Quem atendeu foi uma donzela chamada Inocência, que, depois de olhar para as duas mulheres à sua frente, dirigiu-se a elas.

INOCÊNCIA: Com quem desejam falar?

CRISTÃ: Entendemos que este é um lugar privilegiado para acolher os peregrinos e, como também somos peregrinas, chegamos até aqui; rogamos, por favor, que nos receba por causa do adiantado da hora. Como você pode ver, o dia está terminando e não queremos prosseguir viagem durante a noite.

INOCÊNCIA: Diga seu nome, por favor, para eu anunciá-la ao meu senhor.

CRISTÃ: Meu nome é Cristã. Sou esposa daquele peregrino que, anos atrás, percorreu o mesmo caminho; e estes são seus quatro filhos. Esta moça é também minha companheira de peregrinação.

INOCÊNCIA (entrando e dirigindo-se aos que estavam na casa): Adivinhem que está lá fora? Cristã com seus filhos e uma companheira, pedindo alojamento.

Saltando de alegria, foram contar a novidade ao dono da casa, que se dirigiu à porta, olhou para ela e lhe perguntou:

INTÉRPRETE: Você é Cristã, aquela mulher que Cristão, um homem tão bondoso, deixou para trás quando decidiu ser peregrino?

CRISTÃ: Sou aquela mulher de coração tão empedernido a ponto de ser indiferente às aflições do marido, e que deixou-o partir em

---

1   Publicações Pão Diário, 2020, pp. 73-86.

viagem sozinho. Estes são os quatro filhos dele, mas decidi vir também porque estou convencida de que este é único caminho certo.

INTÉRPRETE: Cumpriu-se assim o que está escrito a respeito do homem que disse ao seu filho: "Vá trabalhar hoje em minha vinha". E o filho retrucou: "Não irei", mas depois foi.[2]

CRISTÃ: Assim seja! Amém! Queira Deus que isso seja verdadeiro a meu respeito, e que no fim eu seja achada por Ele em paz, sem mácula e irrepreensível.[3]

INTÉRPRETE: Mas por que está parada à porta? Entre, filha de Abraão. Estávamos agora mesmo falando a seu respeito, porque recebemos notícias de que você se tornou peregrina. Venham, crianças, entrem. Venha, jovem, entre.

Os peregrinos entraram na casa e foram convidados a sentar e descansar. Após o período de descanso, todos os moradores que cuidavam dos peregrinos apareceram para conhecê-los. Um após outro começaram a sorrir de alegria pelo fato de Cristã ter-se tornado peregrina. Olharam para os meninos e acariciaram-lhes o rosto, como gesto de boas-vindas. Também trataram Misericórdia com carinho, e a todos acolheram na casa de seu Senhor.

Enquanto a ceia era preparada, Intérprete mostrou-lhes os cômodos importantes e espaçosos e expôs-lhes o que havia mostrado a Cristão, marido de Cristã, tempos atrás. Ali viram o homem na jaula, o sonhador — aquele que cortou caminho e passou no meio de seus inimigos —, o quadro do maior de todos eles e muitas outras

---

2 "E que vos parece? Um homem tinha dois filhos. Chegando-se ao primeiro, disse: Filho, vai hoje trabalhar na vinha. Ele respondeu: Sim, senhor; porém não foi. Dirigindo-se ao segundo, disse-lhe a mesma coisa. Mas este respondeu: Não quero; depois, arrependido, foi" (MATEUS 21:28-30).

3 "Por essa razão, pois, amados, esperando estas coisas, empenhai-vos por serdes achados por ele em paz, sem mácula e irrepreensíveis..." (2 PEDRO 3:14).

coisas que foram extremamente proveitosas a Cristão.[4]

Depois que tudo foi assimilado de alguma forma por Cristã e seu grupo, Intérprete levou-os a um cômodo onde havia um homem com o olhar dirigido para baixo o tempo todo, segurando um ancinho na mão. Acima dele viram Aquele com uma coroa celestial na mão, oferecendo-a ao homem em troca do ancinho. O homem, porém, não ergueu os olhos e continuou a ajuntar palha, gravetos e terra seca com auxílio do ancinho.

CRISTÃ: Parece-me que conheço o significado disso. É a figura de um homem deste mundo, não, meu bom senhor?

INTÉRPRETE: Exatamente. E o ancinho mostra sua mente carnal. Embora você veja que ele se ocupa mais em ajuntar palha, gravetos e terra do chão do que em ouvir Aquele que está acima dele com a coroa celestial na mão, a finalidade é mostrar que o Céu não passa de uma fábula para alguns e que, para essa gente, as coisas do mundo têm muito mais valor. O fato de o homem não conseguir olhar para cima, somente para baixo, serve para mostrar-lhes que as coisas terrenas, quando se apoderam da mente dos homens, os afastam do caminho de Deus.

CRISTÃ: Ó, livra-me daquele ancinho!

---

4 O relato completo dessas histórias pode ser lido em *O peregrino*, Publicações Pão Diário, 2020, pp. 80-82.

INTÉRPRETE: Esta oração está fadada ao esquecimento: "Não me dês riqueza".[5] Um entre dez mil faz essa oração. Palha, gravetos e terra seca são as coisas mais importantes que se procuram hoje.

CRISTÃ e MISERICÓRDIA (chorando): "Ai de nós! É verdade!".

Depois de mostrar-lhes a cena, Intérprete levou-os ao melhor lugar que havia na casa (uma sala esplêndida) e pediu que olhassem ao redor para ver se encontravam alguma coisa que lhes fosse de proveito. Todos percorreram a sala com os olhos várias vezes. Não havia nada para ser visto a não ser uma aranha enorme na parede, à qual não deram atenção.

MISERICÓRDIA: Senhor, não vejo nada.

Cristã continuou em silêncio.

INTÉRPRETE: Olhe novamente.

MISERICÓRDIA (depois de olhar de novo): Não há nada aqui, a não ser uma aranha muito feia, agarrada à parede.

INTÉRPRETE: Há apenas uma aranha em todo este cômodo espaçoso?

Por ser uma mulher de rápido entendimento, Cristã disse com olhos lacrimejantes: "Sim, senhor, há mais que uma aranha aqui; sim, e aranhas cujo veneno é muito mais nocivo que o daquela na parede". Intérprete lançou-lhe um olhar cordial e disse: "É verdade". Ao ouvir tais palavras Misericórdia ruborizou-se, e os meninos cobriram o rosto, pois todos começaram a compreender o enigma.

INTÉRPRETE: A aranha se segura com as próprias mãos, conforme você vê, e habita nos palácios dos reis.[6] Isso está escrito para

---

5 "Afasta de mim a falsidade e a mentira; não me dês nem a pobreza nem a riqueza; dá-me o pão que me for necessário" (PROVÉRBIOS 30:8).

6 "O geco [ou aranha], que se apanha com as mãos [...] está nos palácios dos reis" (PROVÉRBIOS 30:28).

mostrar que, por mais que estejam cheias do veneno do pecado, vocês podem, com a mão da fé, se segurar e habitar no melhor aposento que pertence à casa do Rei acima de nós.

CRISTÃ: Já havia pensado nisso, mas não com tal abrangência. Imaginei que fôssemos seres feios como aranhas, por mais belo que fosse o lugar de nossa habitação; mas ao ver esta aranha, esta criatura venenosa e de aspecto terrível, aprendemos a agir pela fé, uma ideia que nunca me passou pela cabeça. No entanto, ela se sustenta com as próprias pernas, conforme vejo, e vive no melhor cômodo da casa. Deus não fez nada em vão.

A alegria pareceu tomar conta de todos, mas os olhos continuaram lacrimejantes. Olharam um para o outro e curvaram-se diante de Intérprete, que os levou a outro cômodo onde havia uma galinha com sua ninhada, pedindo que as observassem. Todos viram, então, um dos pintinhos dirigir-se ao bebedouro. E todas as vezes que bebia água, levantava a cabeça e os olhos em direção ao céu.

INTÉRPRETE: Vejam o que este pintinho faz e aprendam com ele a reconhecer de onde procedem as misericórdias e recebam-nas sempre olhando para o alto. Olhem novamente. Todos repararam que a galinha chamava seus pintinhos de quatro formas.

1. Um cacarejo comum, usado o tempo todo.
2. Um cacarejo especial, usado de vez em quando.
3. Um terno cacarejo maternal.
4. Um cacarejo estridente.

INTÉRPRETE: Comparem esta galinha com o seu Rei, e os pintinhos com aqueles que lhe obedecem. Assim como a galinha, Ele tem os próprios métodos de reagir em relação aos Seus filhos. Com um chamado comum, Ele não oferece nada. Com um chamado especial, tem sempre uma dádiva a oferecer. Com o chamado terno, Ele os ajunta sob Suas asas.[7] E o chamado estridente atua como alarme quando Ele vê o inimigo aproximar-se. Escolhi, minhas queridas, conduzi-las a este cômodo onde estão todos estes exemplos, porque, pelo fato de serem mulheres, vocês aprendem com facilidade.

CRISTÃ: Senhor, peço-lhe que nos permita ver mais coisas.

Ele as conduziu, então, ao matadouro, onde um açougueiro abatia uma ovelha que, sem nenhuma reação, aceitava a morte pacientemente.

INTÉRPRETE: Vocês precisam aprender a sofrer como essa ovelha e a suportar as ofensas sem murmurações nem queixas. Observem que ela recebe a morte em silêncio. E sem objeção, suporta que a pele lhe seja tirada. O seu Rei as chama de ovelhas.[8]

Dito isso, conduziu-os ao seu jardim, onde havia uma grande variedade de flores.

INTÉRPRETE: Estão vendo estas flores?

CRISTÃ: Sim.

INTÉRPRETE: Observem que elas diferem muito em altura, qualidade, cor, perfume e virtude. Algumas são melhores que outras. E todas permanecem no lugar onde o jardineiro as plantou, sem brigar entre si.

Dali levou-os a um campo, onde havia plantado trigo e milho. Ao aproximar-se, os visitantes observaram que a parte superior das plantas havia sido cortada, restando apenas palha.

---

7 "Jerusalém, Jerusalém, *que* matas os profetas e apedrejas os que foram enviados! Quantas vezes quis eu reunir os teus filhos, como a galinha ajunta os seus pintinhos debaixo das *asas*, e vós não o quisestes!" (MATEUS 23:37).

8 "Eu sou o bom pastor; conheço as minhas ovelhas, e elas me conhecem a mim, assim como o Pai me conhece a mim, e eu conheço o Pai; e dou a minha vida pelas ovelhas" (JOÃO 10:14,15).

A Peregrina

INTÉRPRETE: Este solo foi adubado, arado e semeado, mas o que fazer com o que se plantou?

CRISTÃ: Queimar uma parte e produzir adubo com o resto.

INTÉRPRETE: É o fruto que você procura, e o que condena deve ser lançado no fogo e pisado pelos homens.[9] Tomem cuidado para não proferirem sua própria condenação.

Ao regressar do passeio, eles viram um pintarroxo com uma aranha enorme no bico.

INTÉRPRETE: Vejam ali.

Todos olharam, e Misericórdia esboçou um ar de curiosidade.

CRISTÃ: Como é triste ver um passarinho de peito vermelho, tão belo quanto este e superior a muitos outros, querendo manter o mesmo modo de vida dos homens! Pensei que vivessem de migalhas de pão ou de outros alimentos inofensivos. Deixei de gostar dele.

INTÉRPRETE: Este pintarroxo é um emblema muito eficiente de alguns professores. Na aparência, assemelham-se a este belo pássaro, colorido e bem-comportado. Aparentam também ter muito amor pelos professores sinceros. E, acima de tudo, desejam estar na companhia deles, como se vivessem das migalhas de pessoas bondosas. Também são falsos, e é por isso que frequentam a casa dos piedosos e cumprem os compromissos assumidos com o Senhor. Mas, quando estão sozinhos, como o pintarroxo, são capazes de pegar e devorar aranhas, são capazes de trocar de alimento e beber a iniquidade como água.[10]

---

9 "Vós sois o sal da terra; ora, se o sal vier a ser insípido, como lhe restaurar o sabor? Para nada mais presta senão para, lançado fora, ser pisado pelos homens" (MATEUS 5:13).

10 "...o homem, que é abominável e corrupto, que bebe a iniquidade como a água!" (JÓ 15:16).

Quando retornaram à casa, enquanto a ceia ainda era preparada, Cristã demonstrou novamente o desejo de que Intérprete lhe mostrasse ou contasse outras coisas úteis.

INTÉRPRETE (proferindo provérbios): "Quanto mais gorda a porca, mais lama deseja." "Quanto mais gordo o boi, mais alegre vai para o matadouro." "E quanto mais sadio o homem vigoroso, mais propenso é para o mal."

"As mulheres desejam ser elegantes e belas, porém a mais formosa é aquela que se enfeita com o que é valioso aos olhos de Deus.

"É mais fácil velar uma noite ou duas do que durante um ano inteiro; também é mais fácil começar a confessar a fé apenas de boca do que perseverar até o fim.

"Durante a tempestade, o capitão, de boa vontade, lança ao mar tudo o que é menos valioso no navio. Mas quem lançaria ao mar o que é mais valioso primeiro? Somente aqueles que não temem a Deus.

"Basta um só rombo para afundar um navio; basta um só pecado para destruir um pecador.

"Quem se esquece de um amigo, é ingrato para com ele; quem se esquece de seu Salvador é inclemente consigo mesmo.

"Quem vive no pecado e espera alcançar a felicidade é semelhante àquele que semeia joio e espera encher os seus celeiros com trigo ou cevada.

"Se um homem quiser viver bem, que viva cada dia como se fosse o último.

"A calúnia e a mudança de pensamentos comprovam que o pecado existe no mundo.

"Se o mundo, que será destruído por Deus, é tão valorizado pelos homens, como será o Céu, que Deus tanto enaltece?

"Se não queremos abandonar esta vida que apresenta tantos problemas, como será quando alcançarmos a vida eterna?

A Peregrina

"Todos elogiam a bondade do homem, mas haverá alguém que se comova com a bondade de Deus?

"Raramente desfrutamos de uma refeição, mas, assim que comemos, nos levantamos; assim também há mais mérito e justiça em Jesus Cristo do que o mundo inteiro necessita."

Tendo dito esses provérbios, Intérprete levou-os novamente ao jardim, onde havia uma árvore cujo tronco estava apodrecido e oco, mas continuava a crescer e a produzir folhas.

MISERICÓRDIA: O que isto significa?

INTÉRPRETE: Esta árvore, bela por fora e podre por dentro, pode ser comparada a muitos que se encontram no jardim de Deus: com a boca, enaltecem a Deus, mas na prática não fazem nada por Ele. Sua folhagem é bela, mas seu coração só serve como lenha para alimentar a fogueira de Satanás.

Pronta a ceia, a mesa posta e tudo no lugar, todos se sentaram para comer e um deles deu graças. Intérprete costumava entreter seus hóspedes com música tocada por menestréis durante as refeições. Um deles, que também cantava com voz suave, entoou esta canção:

O Senhor é o meu pastor,
E sempre me sustentará.
Tudo o que necessário for
Certo estou de que Ele suprirá.

Terminados os cânticos e a música, Intérprete perguntou a Cristã por que ela decidira seguir a vida de peregrina.

CRISTÃ: Primeiro, refleti na perda de meu marido, o que me causou muita tristeza pelo afeto natural que sentia por ele. Depois, vieram-me à mente os problemas e a peregrinação de meu marido e também o modo rude como o tratei. O sentimento de culpa se apossou de mim e quase me afogou, mas no tempo oportuno tive um sonho no qual vi que meu marido estava bem. Depois o Rei do país onde meu marido habita enviou-me uma carta, convidando-me para estar com Ele. O sonho e a carta impressionaram-me de tal forma que me obrigaram a seguir este caminho.

INTÉRPRETE: E você não encontrou oposição antes de partir?

CRISTÃ: Sim, de uma vizinha chamada Timorata, filha daquele que tentou persuadir meu marido a voltar por medo dos leões. Ela quis me ludibriar e disse que minha peregrinação era uma aventura desesperada. Também fez o possível para me desanimar, falando das dificuldades e problemas que meu marido enfrentou no caminho, porém superei tudo isso muito bem. O que mais me perturbou foi um sonho que tive de dois seres mal-encarados tentando convencer-me a desistir da viagem. Sim, a lembrança ainda me vem à mente e me faz desconfiar de todas as pessoas que encontro. Tenho medo de que queiram me enganar e me tirar do caminho. Posso dizer ao senhor que, embora nem todos saibam, entre este lugar e o portão pelo qual entramos no caminho, nós duas fomos atacadas de modo tão cruel que tivemos de gritar: "Assassinos!". Os dois que nos atacaram eram semelhantes aos dois que vi no sonho.

INTÉRPRETE: O seu começo foi bom, e o final será ainda muito melhor.

Em seguida, dirigiu-se a Misericórdia:

INTÉRPRETE: E o que a levou a vir até aqui, minha querida?

Misericórdia ruborizou e tremeu, e continuou em silêncio.

INTÉRPRETE: Não tenha medo; apenas creia e fale com sinceridade.

MISERICÓRDIA: Na verdade, senhor, a minha pouca experiência é que me faz desejar permanecer em silêncio e me enche de medo de não corresponder ao que esperam de mim. Não posso falar de visões ou sonhos, como minha amiga Cristã; nem sei o que é lamentar ter recusado o conselho de bons parentes.

INTÉRPRETE: O que foi então, minha querida, que a levou a decidir?

MISERICÓRDIA: Quando a nossa amiga aqui se preparava para sair da cidade, eu e outra vizinha fomos visitá-la. Batemos à porta e, ao entrar, vimos o que ela estava fazendo e perguntamos qual era o motivo. Ela contou que havia sido chamada para seguir seu marido. Contou também que o vira em um sonho, habitando em um lugar estranho entre seres imortais, usando uma coroa, tocando harpa, comendo e bebendo à mesa do Príncipe, cantando louvores a Ele por tê-lo levado para lá etc. Enquanto ela falava, senti o coração arder e disse a mim mesma que, se aquilo fosse verdade, eu deixaria meus pais, a terra onde nasci e seguiria viagem com Cristã. Indaguei-a depois sobre a veracidade dos fatos e perguntei se poderia acompanhá-la, pois vi que em nossa cidade só havia o perigo da destruição. No entanto, vim com o coração pesaroso, não por arrependimento de ter tomado essa decisão, mas por causa de tantos parentes que deixei para trás. E vim porque meu coração assim o desejou e, se puder, acompanharei Cristã até seu encontro com o marido e com o Rei.

INTÉRPRETE: Seu começo foi bom por ter dado crédito à verdade. Você é semelhante a Rute, que, por amor a Noemi e ao Senhor seu Deus, deixou pai e mãe e a terra onde nasceu para viver com um povo desconhecido. "O Senhor retribua o teu feito, e seja cumprida a tua recompensa do Senhor, Deus de Israel, sob cujas asas vieste buscar refúgio."[11]

---

11 "Respondeu Boaz e lhe disse: Bem me contaram tudo quanto fizeste a tua sogra, depois da morte de teu marido, e *como* deixaste a teu pai, e a tua mãe, e a terra onde nasceste e vieste para um povo que dantes não conhecias. O

Terminada a ceia, foram feitos os preparativos para dormir; as mulheres receberam acomodações individuais e os meninos foram acomodados em outro quarto. Depois de deitar-se, Misericórdia não conseguiu dormir de tanta alegria, porque agora suas dúvidas haviam sido finalmente removidas para bem longe. Portanto, enquanto deitada, ela passou o tempo louvando e bendizendo a Deus, que tanto lhe favorecera.

Todos levantaram-se ao amanhecer e prepararam-se para a partida, mas Intérprete pediu que esperassem um pouco. "Vocês precisam sair daqui em ordem", ele disse. Em seguida, ordenou à donzela que as recepcionara quando ali chegaram: "Leve todos ao jardim para banhar-se; lave-os e limpe todo o pó que acumularam durante a viagem". Inocência, a donzela, levou-os ao jardim e disse-lhes que precisavam estar lavados e limpos, porque o seu senhor queria que as mulheres o visitassem antes de partir em peregrinação. As mulheres e também os meninos se lavaram e saíram do banho não apenas perfumados e limpos, mas também revigorados e com o corpo inteiro fortalecido, de modo que, quando entraram na casa, tinham aparência muito melhor do que antes do banho.

Intérprete conduziu-os para dentro da casa, olhou para eles e disse: "Formosos como a lua". Depois pediu o selo que usavam para selar as pessoas depois de lavadas. Trazido o selo, ele imprimiu sua marca em cada um, para que pudessem ser reconhecidos onde quer que fossem. O selo simbolizava a Páscoa que os filhos de Israel comeram quando saíram da terra do Egito.[12]

SENHOR retribua o teu feito, e seja cumprida a tua recompensa do SENHOR, Deus de Israel, sob cujas asas vieste buscar refúgio" (RUTE 2:11,12).

12 "Naquele mesmo dia, contarás a teu filho, dizendo: É *isto* pelo *que* o SENHOR me fez, quando saí do Egito. E será como sinal na tua mão e por memorial entre teus olhos, para que a lei do SENHOR esteja na tua boca; pois com mão

A Peregrina

E a marca foi colocada entre seus olhos. O selo conferiu-lhes mais beleza ainda, pois lhes enfeitou o rosto; deu-lhes também uma aparência mais solene, deixando seus semblantes parecidos com o dos anjos.

Intérprete dirigiu-se novamente à donzela que auxiliara as mulheres: "Vá à sacristia e traga vestimentas para estas pessoas". Ela lhe obedeceu e trouxe vestiduras de linho puro, brancas e limpas e estendeu-as diante de Intérprete, o qual pediu que elas as vestissem. Depois de adornadas, as mulheres pareceram sentir medo uma da outra, pois não viam em si mesmas a glória que resplandecia na outra. "Você está mais bela que eu", disse uma. "Você está mais graciosa que eu", disse a outra. As crianças também se admiraram ao ver a transformação pela qual haviam passado.

A seguir, Intérprete chamou um de seus servos, cujo nome era Grande Coração, e ordenou-lhe que se munisse de espada, capacete e escudo.

INTÉRPRETE: Conduza estas minhas filhas ao Palácio Belo, o próximo lugar que lhes servirá de descanso.

Grande Coração armou-se e seguiu adiante dos peregrinos, e Intérprete desejou-lhes boa viagem. Os que pertenciam à família também se despediram deles com palavras carinhosas. E assim, os peregrinos seguiram o caminho, cantando:

Este foi o nosso segundo pouso:
Aqui coisas boas nos foram mostradas,
Que atravessaram séculos, dizer isto eu ouso,
Mas que a ninguém mais foram reveladas.

---

forte o SENHOR te tirou do Egito. Portanto, guardarás esta ordenança no determinado tempo, de ano em ano" (ÊXODO 13:8-10).

O Ancinho, a Aranha, a Galinha
E sua Ninhada; com todos eles imagino
Aprendi uma lição só minha:
Conforme-se sempre com seu destino.

O Açougueiro, o Campo e o Jardim,
O Pintarroxo, que a aranha queria engolir,
A árvore apodrecida, todos enfim,
Um conselho me deram antes de partir:

Nunca se esqueça de vigiar e orar;
De esforçar-se em favor da sinceridade;
No dia a dia sua cruz carregar
E servir ao Senhor com lealdade.

CAPÍTULO 4
A cruz e as consequências

Em meu sonho, vi que todos prosseguiram a viagem. Tendo Grande Coração à sua frente, chegaram ao lugar onde o fardo de Cristão lhe caiu das costas e rolou, caindo no sepulcro. Ali fizeram uma pausa e louvaram a Deus.

CRISTÃ: Agora me vem à memória o que nos foi dito no portão, isto é, que deveríamos obter perdão por palavra e por obra: o perdão por palavra, por meio da promessa; o perdão por obra, pela maneira como foi obtido. Já sei um pouco sobre o que é a promessa; porém, o que é receber o perdão por obra, ou pela forma como é obtido?

JOHN BUNYAN

Grande Coração

A Peregrina

O Sr. Grande Coração deve saber, portanto, peço, por favor, que nos ajude a entender.

GRANDE CORAÇÃO: O perdão por obra é o perdão obtido por alguém em favor de outro que dele necessita; não pela pessoa perdoada, mas na maneira pela qual a pessoa perdoada o obteve. Portanto, para explicar melhor, o perdão que você, Misericórdia e estes meninos alcançaram foi obtido por outro, isto é, por Aquele que lhes permitiu entrar pelo portão. E Ele obteve o perdão de duas maneiras: fez-se justiça para perdoar-lhes e derramou Seu sangue para purificá-los.

CRISTÃ: Mas se Ele repartiu Sua justiça conosco, o que sobrou para Ele?

GRANDE CORAÇÃO: Ele tem mais justiça do que você necessita ou mais do que Ele próprio necessita.

CRISTÃ: Esclareça um pouco mais, por favor.

GRANDE CORAÇÃO: Com todo prazer, mas antes preciso explicar que Aquele de quem falamos é inigualável. Possui duas naturezas em uma só pessoa: óbvias para serem distinguidas, impossíveis de serem divididas. A cada uma dessas naturezas pertence uma justiça; e cada justiça é essencial a essa natureza. Dessa forma, é possível causar a extinção da natureza facilmente, bem como separar dela sua justiça ou retidão. Dessas justiças, portanto, não somos participantes, de modo que elas, ou qualquer uma delas, deve ser colocada sobre nós para que sejamos justos e vivamos desse modo. Além do mais, há uma justiça que essa Pessoa possui, como se fossem duas naturezas unidas em uma só. E essa não é a justiça da divindade distinta da humanidade nem a justiça da humanidade distinta da divindade, mas a justiça que permanece na união das duas naturezas, e pode ser corretamente chamada justiça essencial à Sua preparação por Deus para capacitá-lo à função de mediador que lhe foi confiada. Se Ele abrir mão de Sua primeira justiça, abrirá mão de

Sua divindade; se abrir mão de Sua segunda justiça, abrirá mão da pureza de Sua humanidade; se abrir mão desta terceira, abrirá mão daquela perfeição que o capacita à função de Mediador. Ele possui, portanto, outra justiça que consiste em cumprimento ou obediência à vontade revelada: é essa que Ele coloca sobre os pecadores e por meio da qual os pecados são cobertos. Portanto, Ele disse:

"Porque, como, pela desobediência de um só homem, muitos se tornaram pecadores, assim também, por meio da obediência de um só, muitos se tornarão justos."[1]

CRISTÃ: Há outras justiças que não nos são proveitosas?

GRANDE CORAÇÃO: Sim. E embora sejam essenciais às Suas naturezas e ofício e, assim, não podem ser transmitidas a outrem, é pela virtude delas que a justiça que justifica é, para aquele propósito, eficaz. A justiça de Sua divindade confere virtude à Sua obediência; a justiça de Sua humanidade confere capacidade à Sua obediência para justificar; e a justiça que consiste na união dessas duas naturezas para a função à qual Ele foi qualificado confere autoridade àquela justiça de realizar a obra ordenada.

Aqui, portanto, está uma justiça que Cristo, como Deus-homem, não necessita, pois Ele é Deus sem ela; aqui está uma justiça que Cristo, como Deus-homem, não necessita porque Ele é um homem perfeito sem ela. Aqui, então, está uma justiça que Cristo, como Deus, como homem, como Deus-homem, não necessita em relação a si próprio; e, dessa forma, pode dispensá-la — uma justiça legítima que Ele não deseja para si mesmo, portanto Ele a distribui. É por isso que se chama "dom da justiça".[2]

---

1 Romanos 5:19

2 "Se, pela ofensa de um e por meio de um só, reinou a morte, muito mais os que recebem a abundância da graça e o dom da justiça reinarão em vida por meio de um só, a saber, Jesus Cristo" (ROMANOS 5:17).

A Peregrina

Essa justiça, uma vez que Cristo Jesus, o Senhor, se sujeitou à Lei, precisa ser oferecida porque a Lei não apenas obriga quem se submete a ela a ser justo, mas também a ser caridoso. Assim, de acordo com a lei, quem tem duas túnicas, deve repartir com quem não tem.[3] Ora, o nosso Senhor tem, de fato, duas túnicas, uma para si e outra para oferecer. Portanto, Ele concede gratuitamente uma a quem não tem nenhuma. Por isso, Cristã, Misericórdia e os outros que aqui estão, seu perdão veio por meio de obra ou por meio da ação de outro homem. Foi Cristo, o Senhor, quem realizou o trabalho e oferece o fruto de Sua obra ao primeiro mendigo que encontrar.

Repetindo, para ser perdoado por meio de obras, é necessário que haja um pagamento a Deus e também uma preparação de algo com o que seremos cobertos. O pecado condena-nos à justa maldição de uma justa Lei. Ora, precisamos ser justificados dessa maldição por meio da redenção, um preço sendo pago pelo mal que praticamos, e esse preço é o sangue de nosso Senhor, que tomou o nosso lugar e morreu pelas nossas transgressões.[4]

Assim, Ele os redimiu de suas transgressões com Seu sangue e cobriu sua alma manchada e disforme com justiça. É por amor de nosso Senhor que Deus não os condenará quando vier julgar o mundo.[5]

CRISTÃ: Que maravilha! Agora entendo que havia uma lição a ser aprendida quanto a sermos perdoados por palavra e por obra.

---

3 Lucas 3:11

4 "Mas também por nossa causa, posto que a nós igualmente nos será imputado, a saber, a nós que cremos naquele que ressuscitou dentre os mortos a Jesus, nosso Senhor" (ROMANOS 4:24).

5 "Cristo nos resgatou da maldição da lei, fazendo-se ele próprio maldição em nosso lugar (porque está escrito: Maldito todo aquele que for pendurado em madeiro" (GÁLATAS 3:13).

Querida Misericórdia, vamos nos esforçar para nos lembrar dessas palavras; e, meus filhos, vocês precisarão fazer o mesmo. Mas, senhor, não foi por isso que o fardo de meu bondoso marido lhe caiu dos ombros e o fez dar três pulos de alegria?

GRANDE CORAÇÃO: Sim, foi essa fé que cortou as cordas que não podiam ser rompidas por outros meios; e foi para dar-lhe uma prova do valor disso que ele sofreu para carregar seu fardo até a cruz.

CRISTÃ: Foi o que pensei, porque, se meu coração já estava leve e alegre, agora está dez vezes mais leve e alegre. De acordo com o que sinto, e esse sentimento ainda é muito pequeno, se o homem mais pecador do mundo estivesse aqui e, ao ver, cresse como creio agora, o seu coração ficaria muito mais feliz e jubiloso.

GRANDE CORAÇÃO: Ao ver e considerar essas coisas, sentimos consolação e alívio de nosso fardo, que produzem em nós uma carinhosa afeição. Pois haverá alguém que, ao pensar que recebeu esse perdão, não apenas pela promessa, mas que se comoveu com a forma e os meios de sua redenção, não se comova também com o Homem que tanto sofreu para conceder-lhe tal perdão?

CRISTÃ: É verdade. O meu coração sofre ao pensar que Ele derramou Seu sangue por mim. Ó Cristo amado! Ó Cristo bendito! Eu me entrego a ti, porque me compraste. Entrego-me inteiramente a ti, pois pagaste dez mil vezes mais do que valho. Não é de admirar que isso tenha feito meu marido desmanchar-se em lágrimas e seguir seu caminho com tanta ligeireza. Entendo por que ele me queria ao seu lado, porém, por ser tão vil, deixei-o vir sozinho! Ó, Misericórdia, quem dera seus pais estivessem aqui. Sim, e Timorata também! E, com toda a sinceridade, até mesmo Madame Sensualidade. Sem dúvida o coração delas se comoveria; nem os receios de uma nem as concupiscências da outra seriam capazes de convencê-las a voltar para casa e a rejeitar o convite para serem boas peregrinas.

A Peregrina

GRANDE CORAÇÃO: Você fala agora no calor das emoções. Acha que seus sentimentos serão sempre esses? Além do mais, nem todos são afetados por essas emoções; nem mesmo aqueles que viram o sangue de Jesus ser derramado. Alguns dos que presenciaram o derramamento de Seu sangue, longe de se comoverem, longe de lamentarem, zombaram dele. Em vez de se tornarem Seus discípulos, endureceram o coração. Essas emoções que vocês sentem, minhas filhas, são uma impressão peculiar concedida por uma afeição divina a respeito do que lhes falei. Lembrem-se do que lhes foi dito: a galinha, com o cacarejo comum, não oferece aos pintinhos nada para comer. Portanto, o que vocês receberam foi uma graça especial.

Continuando a sonhar, vi que o grupo prosseguiu até chegar ao lugar onde Cristão havia encontrado Simples, Preguiça e Presunção[6] deitados e dormindo. Agora estavam pendurados com ferro a curta distância do outro lado do caminho.

MISERICÓRDIA (dirigindo-se a Grande Coração): Quem são aqueles três homens? E porque estão pendurados ali na forca?

GRANDE CORAÇÃO: Aqueles três homens eram de péssimo caráter; não queriam ser peregrinos e faziam o possível para impedir outros de seguirem o mesmo caminho. Viviam na preguiça e na leviandade e procuravam persuadir quem quer que fosse a proceder de igual modo. Também lhes ensinavam a pensar que seriam felizes. Dormiam quando Cristão passou por aqui; e agora estão enforcados.

MISERICÓRDIA: E conseguiram convencer alguém a ter a mesma opinião?

GRANDE CORAÇÃO: Sim, desencaminharam muitos, entre eles Passo-Lento, que persuadiram a segui-los. Também persuadiram Pouco-Fôlego, Sem-Coragem, Desejo-por-Luxúria, Sonolento

---

6 *O peregrino*, Publicações Pão Diário, 2020, pp. 92-93.

e uma jovem, cujo nome era Apatia, a tomarem outro rumo e serem semelhantes a eles. Além disso, falavam mal do seu Senhor, convencendo outros de que era cruel e violento. Também apresentavam relatos maldosos da boa terra, dizendo que não era tão boa conforme alguns diziam. E começaram a difamar Seus servos e a qualificar os melhores deles de intrometidos e importunos. E mais: chamavam de palha o pão de Deus;[7] de ilusões, os prazeres de Seus filhos; de inútil, a viagem e a fadiga dos peregrinos.

Pouco-Fôlego

CRISTÃ: Não, se são assim, jamais lamentarei por eles, pois tiveram o que mereceram. E é bom que estejam pendurados na forca tão perto do caminho, para que outros vejam e se acautelem. Mas não teria sido melhor se seus crimes tivessem sido gravados em uma placa de ferro ou latão, e deixada aqui, bem no lugar onde eles praticaram suas maldades, para servir de advertência a outros malfeitores?

GRANDE CORAÇÃO: É o que foi feito, e você poderá constatar se chegar um pouco mais perto do muro.

MISERICÓRDIA: Não, não. Que continuem pendurados, que seus nomes apodreçam e que sejam identificados para sempre pelos

---

[7] "E o povo falou contra Deus e contra Moisés: Por que nos fizestes subir do Egito, para que morramos neste deserto, onde não há pão nem água? E a nossa alma tem fastio deste pão vil" (NÚMEROS 21:5).

A Peregrina

Sem-Coragem *Sonolento*

crimes que cometeram. Penso que fomos favorecidas pelo fato de terem sido enforcados antes de nossa chegada. Quem sabe não teriam feito a algumas pobres mulheres o mesmo que fizeram a nós?

Em seguida, Misericórdia transformou suas palavras em cântico:

Vocês três aí pendurados são um sinal
A quem contra a verdade maquina o mal.
E aquele que vem para nos pôr em perigo
Dos peregrinos nunca foi amigo.
E tu, minha alma, aguça teus temores
Pois da santidade são opositores.

E assim prosseguiram a viagem até chegar ao Desfiladeiro da Dificuldade, onde novamente o bom amigo Grande Coração aproveitou a oportunidade para contar-lhes o que sucedeu quando Cristão passou por ali. Portanto, levou-as em primeiro lugar à fonte.

GRANDE CORAÇÃO: Vejam, eis a fonte da qual Cristão bebeu antes de subir esta montanha. A água era clara e boa, mas agora está turva com a sujeira dos pés de alguns que não querem que os peregrinos matem a sede.[8]

MISERICÓRDIA: E qual o motivo de tanta maldade?

GRANDE CORAÇÃO: A água ainda poderá ser bebida, se for colocada em um cântaro limpo. A sujeira decantará e a água ficará transparente.

Foi o que Cristã e seu grupo tiveram de fazer. Pegaram a água, colocaram-na em um pote de barro e aguardaram a sujeira afundar; depois saciaram a sede.

A seguir, Grande Coração mostrou-lhes dois atalhos ao pé da montanha, onde Formalista e Hipocrisia[9] se perderam.

GRANDE CORAÇÃO: Estes atalhos são perigosos. Dois homens perderam a vida neles quando Cristão passou por aqui. E, como vocês podem ver, embora a passagem tenha sido obstruída com correntes, estacas e uma vala, ainda há aqueles que escolhem aventurar-se por aqui em vez de passar pelo sofrimento de subir a montanha.

CRISTÃ: "O caminho dos pérfidos é intransitável."[10] O que me admira é que eles conseguem entrar nesses caminhos sem o perigo de quebrar a cerviz.

---

8 "Acaso, não vos basta a boa pastagem? Haveis de pisar aos pés o resto do vosso pasto? E não vos basta o terdes bebido as águas claras? Haveis de turvar o resto com os pés?" (EZEQUIEL 34:18).

9 *O peregrino*, Publicações Pão Diário, 2020, p. 96.

10 Provérbios 13:15

A Peregrina

GRANDE CORAÇÃO: Conseguem entrar, sim. E se alguns dos servos do Rei os veem e os chamam para avisá-los que estão seguindo o caminho errado, e os alertam do perigo, eles respondem em tom zangado: "*Quanto* à palavra que nos anunciaste em nome do Senhor, não te obedeceremos a ti; antes, certamente, toda a palavra que saiu da nossa boca, isto é, queimaremos incenso à Rainha dos céus e lhe ofereceremos libações, como nós, nossos pais, nossos reis e nossos príncipes temos feito, nas cidades de Judá e nas ruas de Jerusalém; *tínhamos* fartura de pão, prosperávamos e não víamos mal algum".[11]

Se você olhar um pouco mais adiante, verá que há muitas advertências para que ninguém siga por esses atalhos, não apenas por causa das estacas, da vala e das correntes, mas também pela cerca que os rodeia. Ainda assim, há os que optam por eles.

CRISTÃ: São preguiçosos, e não querem passar por nenhum sofrimento; a subida não lhes é agradável. E, assim, cumpre-se o que está escrito: "O caminho do *preguiçoso* é como que cercado de espinhos...".[12] Sim, preferem andar sobre armadilhas a subir esta montanha e percorrer o resto do caminho que conduz à Cidade.

A seguir, retomaram a caminhada e começaram a subir a montanha até o topo, mas antes de chegarem lá, Cristã começou a ficar ofegante.

CRISTÃ: Como é cansativa esta subida! Não é de admirar que muitos escolham o caminho mais suave.

MISERICÓRDIA: Preciso me sentar um pouco.

E o filho mais novo começou a chorar.

GRANDE CORAÇÃO: Vamos! Vamos! Não se sentem aqui, porque um pouco mais acima está o lugar de descanso do Príncipe.

---

[11] Jeremias 44:16,17

[12] Provérbios 15:19

Segurando o menino pela mão, conduziu-os até lá. Ao chegarem ao lugar de descanso, todos se sentaram, pois estavam exaustos por conta do calor escaldante.

MISERICÓRDIA: Como é agradável descansar das fadigas! E como é bom o Príncipe dos peregrinos, que lhes proporcionou estes lugares de descanso![13] Ouvi falar muito deste lugar de descanso, mas nunca tive a oportunidade de vê-lo. Temos de nos acautelar para não dormir aqui, pois consta que o sono custou muito caro ao nosso pobre e querido Cristão.[14]

Grande Coração dirigiu-se às crianças:

GRANDE CORAÇÃO: Vamos, meninos, como se sentem? O que acham da peregrinação?

Respondeu o mais novo: "Quase perdi o ânimo, senhor, mas lhe agradeço por ter-me ajudado no momento de necessidade. E lembro-me do que minha mãe disse: 'O caminho para o céu é como subir uma escada, e o caminho para o inferno é como descer um morro'. Prefiro subir a escada para a vida a descer o morro para a morte".

MISERICÓRDIA: Diz o ditado que descer o morro é fácil.

TIAGO (esse era o nome do menino): Em minha opinião, chegará o dia em que descer o morro será o mais difícil.

GRANDE CORAÇÃO: Menino corajoso! Você deu-lhe a resposta certa.

Misericórdia sorriu, porém o menino enrubesceu.

CRISTÃ: Que tal comermos alguma coisa para adoçar a boca enquanto se sentam aqui para descansar um pouco? Tenho algumas romãs que o Sr. Intérprete colocou em minha mão quando

---

13 "Vinde a mim, todos *os que* estais cansados e sobrecarregados, e eu vos aliviarei" (MATEUS 11:28).

14 *O peregrino*, Publicações Pão Diário, 2020, p. 97.

atravessei a porta. Deu-me também um favo de mel e uma garrafa de licor.

MISERICÓRDIA: Foi o que pensei quando ele a chamou de lado.

CRISTÃ: Sim, mas, Misericórdia, cumprirei o que disse quando partimos. Você compartilhará tudo o que me vier às mãos, porque de boa vontade se tornou minha companheira.

E Cristã ofereceu os alimentos a Misericórdia e aos meninos.

CRISTÃ (dirigindo-se a Grande Coração): Deseja acompanhar-nos, senhor, nesta refeição?

GRANDE CORAÇÃO: Vocês estão seguindo viagem, e eu voltarei para casa. Aprecio saber que vocês têm o que comer. Tenho tudo isso em casa todos os dias.

Depois que os peregrinos se alimentaram e conversaram um pouco mais, o guia lhes disse: "O dia está avançando. É melhor nos prepararmos para partir". Todos se levantaram, e os meninos tomaram a dianteira, mas Cristã esqueceu a garrafa de licor e pediu ao filho mais novo que fosse buscá-la.

MISERICÓRDIA: Parece que todos perdem alguma coisa neste lugar. Foi aqui que Cristão perdeu o rolo de pergaminho; e foi aqui que Cristã lembrou que não trouxe a garrafa de licor. Senhor, qual o motivo disso?

GRANDE CORAÇÃO: O motivo é o sono ou a negligência: alguns dormem quando deveriam estar acordados; e outros esquecem quando deveriam lembrar. É comum alguns peregrinos perderem muitas coisas nos lugares de descanso. Os peregrinos devem ser vigilantes e lembrar-se, nos momentos de maior alegria, daquilo que já receberam. Tal esquecimento transforma suas alegrias em lágrimas e o dia ensolarado, em dia nublado. Um bom exemplo é a história de Cristão quando passou por aqui.

Ao chegarem ao lugar onde Desconfiança e Temeroso foram ao encontro de Cristão para convencê-lo a voltar por medo dos leões, viram adiante do caminho um tablado grande com alguns versos escritos na parte de cima e, embaixo, o motivo pelo qual ele foi construído naquele lugar.

Os versos diziam o seguinte:

> *Aquele que por aqui passar*
> *Do coração e da língua deve cuidar,*
> *Para não sofrer a destruição*
> *Dos que perderam a salvação.*

Estas eram as palavras escritas no pedestal: "Este tablado foi construído para castigar aqueles que, por medo ou desconfiança, não prosseguiram a peregrinação. Aqui neste tablado, Desconfiança e Temeroso tiveram a língua perfurada com ferro quente por tentar impedir que Cristão seguisse seu caminho".

MISERICÓRDIA: Isso me faz lembrar as palavras do Amado:

> *Que te será dado ou que te será acrescentado, ó língua*
> *enganadora? Setas agudas do valente e brasas vivas*
> *de zimbro.*[15]

Prosseguindo a viagem, depararam-se com os leões.

Grande Coração era um homem forte, portanto não tinha medo de leões. Porém, quando se aproximaram dos animais, os meninos, que seguiam à frente, encolheram-se de medo e posicionaram-se atrás do grupo.

---

15 Salmo 120:4

A Peregrina

GRANDE CORAÇÃO: Ora, meninos, o que se passa? Vocês gostam de andar na frente quando não há nenhum perigo à vista, mas preferem ficar atrás dos outros quando avistam leões?

Todos avançaram, e Grande Coração desembainhou a espada com a intenção de abrir caminho para os peregrinos, apesar dos leões. De repente, surgiu um homem que, aparentemente, estava ali para proteger os leões. Dirigiu-se a Grande Coração com estas palavras: "Qual o motivo de sua vinda?". O nome do homem era Sanguinário, ou Cruel, pois pertencia à raça dos gigantes e costumava matar os peregrinos.

GRANDE CORAÇÃO: Estas mulheres e estas crianças são peregrinos, e este é o caminho pelo qual devem passar. E vão passar, apesar de você e dos leões.

SANGUINÁRIO: Este não é o caminho; e eles não passarão por aqui. Vim para impedi-los, e protegerei os leões.

A bem da verdade, em razão da atitude feroz dos leões e da aparência terrível daquele que os protegia, o caminho estava coberto de mato porque fazia muito tempo que ninguém passava por ali.

CRISTÃ: Embora os caminhos estejam desocupados até agora, e embora os viajantes tenham escolhido desvios tortuosos, já não será mais assim porque me levantei: "Levantei-me por mãe em Israel".[16]

Sanguinário jurou pelos leões que sua vontade seria cumprida. Ordenou que dessem meia-volta, porque lhes impediria a passagem.

No entanto, Grande Coração, empunhando a espada, avançou na direção dele, obrigando-o a recuar.

SANGUINÁRIO: Você pretende me matar em meu território?

---

16 Juízes 5:6,7

JOHN BUNYAN

Sanguinário

A Peregrina

GRANDE CORAÇÃO: Estamos no caminho do Rei, e foi você quem colocou os leões aqui. Mas estas mulheres e crianças, mesmo sendo fracas, seguirão em frente apesar dos seus leões.

A seguir, deu-lhe um golpe direto, fazendo-o cair de joelhos. Com aquele golpe, quebrou o capacete de Sanguinário e, com o seguinte, decepou-lhe o braço. O gigante deu um berro tão horrendo que assustou as mulheres. No entanto, grande foi a alegria delas ao ver seu corpo estendido no chão. E os leões nada puderam fazer, pois agora estavam acorrentados. Sanguinário, aquele que queria impedi-los de passar, estava morto, portanto Grande Coração disse às mulheres: "Venham, sigam-me. Os leões não lhes farão mal algum". O grupo prosseguiu viagem. As mulheres tremeram ao passar pelos animais, e os meninos mostraram-se apavorados, porém todos passaram sem nenhum incidente.[17]

---

17 "Sede sóbrios e vigilantes. O diabo, vosso adversário, anda em derredor, como leão que ruge procurando alguém para devorar; resisti-lhe firmes na fé, certos de que sofrimentos iguais aos vossos estão-se cumprindo na vossa irmandade espalhada pelo mundo" (1 PEDRO 5:8,9).

CAPÍTULO 5
O Palácio Belo

Os peregrinos chegaram a um lugar de onde avistaram a guarita do Vigia. Ao aproximar-se, apertaram o passo para chegar rápido, porque era perigoso transitar por ali durante a noite. Ao chegarem, Grande Coração bateu ao portão.

VIGIA: Quem está aí?

GRANDE CORAÇÃO: Sou eu.

O vigia reconheceu a voz e desceu, porque Grande Coração costumava passar por ali como guia dos peregrinos. Quando abriu o portão, o vigia viu apenas Grande Coração, porque as mulheres estavam escondidas atrás dele.

VIGIA: Grande Coração, o que o traz aqui tão tarde da noite?

GRANDE CORAÇÃO: Acompanhei estes peregrinos até aqui, onde devem alojar-se por ordem de meu Senhor. Teria chegado bem antes, mas o gigante que protegia os leões quis impedir minha passagem. Depois de uma grande e tediosa luta com ele, atravessei-lhe minha espada e trouxe os peregrinos até aqui em segurança.

VIGIA: Não gostaria de entrar e aguardar o amanhecer?

GRANDE CORAÇÃO: Não. Devo retornar à casa de meu Senhor esta noite.

CRISTÃ: Ah, senhor, não quero que nos abandone em nossa peregrinação. O senhor foi muito fiel e carinhoso conosco. Lutou tão bravamente por nós e dispôs-se a nos dar tão bons conselhos, que jamais me esquecerei de seus favores.

MISERICÓRDIA: Quem dera tivéssemos a sua companhia até o fim de nossa jornada! Como nós, pobres mulheres, poderemos seguir por um caminho tão conturbado sem um amigo e defensor?

TIAGO: Por favor, senhor, peço que nos acompanhe e nos ajude. Somos muito fracos e o caminho é muito perigoso.

GRANDE CORAÇÃO: Estou sob as ordens de meu Senhor. Se Ele me designasse para ser o seu guia até o fim, eu os acompanharia. Mas vocês cometeram um erro: quando Ele me ordenou que os acompanhasse até aqui, deveriam ter-lhe pedido que eu fosse seu guia durante toda a viagem. Certamente Ele teria atendido ao seu pedido. No entanto, agora preciso me retirar. Adeus, minhas queridas Cristã e Misericórdia. Adeus, meus corajosos meninos!

O vigia, que se chamava Vigilante, perguntou a Cristã de onde ela vinha e quem eram seus parentes.

A Peregrina

CRISTÃ: Venho da Cidade da Destruição. Sou viúva de um homem chamado Cristão, o peregrino.

VIGILANTE: Verdade? Ele era seu marido?

CRISTÃ: Sim. Estes são os filhos dele e esta (apontando para Misericórdia) também procede de minha cidade.

O Vigilante tocou o sino, como costumava fazer em ocasiões semelhantes. Uma donzela chamada Humildade apareceu.

VIGILANTE (dirigindo-se à donzela): Anuncie a todos que Cristã, a esposa de Cristão, e seus filhos chegaram até aqui em peregrinação.

A donzela entrou e anunciou a chegada dos peregrinos. E houve gritos de alegria dentro do palácio quando ouviram tal notícia.

Os habitantes do palácio correram até a porta e viram Cristã parada ali. Um deles, de semblante muito sério, dirigiu-se a ela: "Entre, Cristã. Entre, esposa daquele homem bondoso. Seja abençoada, e todos os seus acompanhantes também". Cristã entrou, seguida dos filhos e de Misericórdia. Todos foram conduzidos a uma sala muito ampla, onde alguém os convidou a se sentarem. A seguir, o chefe da casa foi chamado para receber os convidados. Ao chegar e entender quem eram, saudou-os com um beijo e disse: "Sejam bem-vindos, vasos da graça de Deus. Sejam bem-vindos à casa de seus amigos!".

Em razão da hora avançada e da fadiga dos peregrinos depois de uma longa jornada e do abatimento que sentiam por terem presenciado a luta e os terríveis leões, o maior desejo de todos era descansar o mais rápido possível. "Ainda não", disse um dos membros da família, "refresquem-se um pouco e comam alguma coisa". Eles haviam preparado um cordeiro[1] para os peregrinos, acompanhado

---

1 "Falai a toda a congregação de Israel, dizendo: Aos *dez* deste mês, cada um tomará para si um cordeiro, segundo a casa *dos pais*, um cordeiro para cada família" (ÊXODO 12:3).

do molho tradicional, porque o vigia sabia previamente da chegada do grupo e havia comunicado a todos da casa.

Terminada a ceia, encerraram o dia com uma oração e um salmo; e agora o que os peregrinos mais desejavam era um bom descanso. Cristã pediu permissão para serem acomodados no mesmo quarto onde Cristão dormiu quando passou por lá. Todos foram encaminhados a esse cômodo e lá descansaram. Enquanto repousavam de suas fadigas, Cristã e Misericórdia conversaram sobre assuntos pertinentes à viagem.

CRISTÃ: Quando meu marido partiu em peregrinação, não imaginava que um dia eu tomaria a decisão de segui-lo.

MISERICÓRDIA: E também não imaginava que dormiria no mesmo quarto e na mesma cama, como faz agora.

CRISTÃ: E muito menos sonhava em ver seu rosto e adorar o Senhor, o Rei, junto com ele, e isso é o que creio que acontecerá.

MISERICÓRDIA: Um momento! Você está ouvindo um barulho?

CRISTÃ: Sim, como se fosse o som de uma música alegre por estarmos aqui.

MISERICÓRDIA: Que maravilhoso! Música nesta casa, música no coração e música também no Céu — há alegria celestial por estarmos aqui.

As duas conversaram mais um pouco e logo depois adormeceram. Pela manhã, ao despertarem, iniciaram um novo diálogo.

CRISTÃ: Por que você riu enquanto dormia? Imaginei que estivesse sonhando.

MISERICÓRDIA: Sim, e foi um sonho bonito. Mas você tem certeza de que eu ri?

"No dia seguinte, viu João a Jesus, que vinha para ele, e disse: Eis o Cordeiro de Deus, que tira o pecado do mundo" (JOÃO 1:29).

CRISTÃ: Tenho. Você riu de verdade. Mas, por favor, conte-me o seu sonho.

MISERICÓRDIA: No sonho, eu estava sozinha em um lugar ermo, lamentando a dureza de meu coração. Logo depois, um grupo de pessoas rodeou-me para ouvir o que eu dizia. Todos prestaram atenção. Continuei a lamentar a dureza de meu coração. Alguns zombaram de mim; alguns me chamaram de louca e outros começaram a empurrar-me de um lado para o outro. Olhei, então, para cima e vi um ser com asas vindo em minha direção. Ao chegar perto, ele perguntou: "O que a aflige, Misericórdia?". Depois de ouvir minhas queixas, disse: "Paz seja com você!". Enxugou minhas lágrimas com um lenço e vestiu-me de ouro e prata. Colocou um colar em meu pescoço, brincos nas orelhas e uma linda coroa em minha cabeça.[2]

Depois tomou-me pela mão e disse: "Siga-me, Misericórdia". Subimos juntos até um portão de ouro. Ele bateu e, quando o abriram,

---

[2] "Passando eu por junto de ti, vi-te, e eis que o teu tempo *era* tempo de amores; estendi sobre ti as abas do meu manto e cobri a tua nudez; dei-te juramento e entrei em aliança contigo, diz o Senhor Deus, e passaste a ser minha. Então, te lavei com água, e te enxuguei do teu sangue, e te ungi com óleo. Também te vesti de roupas bordadas, e te calcei com couro da melhor qualidade, e te cingi de linho fino, e te cobri de seda. Também te adornei com enfeites e te pus braceletes nas mãos e colar à roda do teu pescoço" (EZEQUIEL 16:8-11).

entrou e eu o acompanhei até um trono. Aquele que estava sentado no trono me disse: "Bem-vinda, filha!". O lugar era resplandecente e brilhava como as estrelas, ou melhor, como o Sol. Imaginei ter visto seu marido ali. Nesse instante, acordei. Mas é verdade que eu ri?

CRISTÃ: Riu, sim! E com razão, por ter sido tão bem acolhida. Creio que pode começar a considerar que foi um sonho bom: a primeira parte foi verdadeira e a segunda também será.[3]

Não precisamos estar acordados na cama para falar com Deus. Ele nos visita enquanto dormimos e nos faz ouvir Sua voz. Muitas vezes o coração desperta durante o sono e Deus nos fala por palavras, por provérbios, por sinais e analogias, como se estivéssemos acordados.

MISERICÓRDIA: Alegro-me com o sonho e espero que em breve ele se cumpra, para eu rir de novo.

CRISTÃ: Penso que já é hora de levantar, para saber o que precisamos fazer.

MISERICÓRDIA: Se nos convidarem a permanecer um pouco mais, estou muito disposta a aceitar a oferta, para conhecer melhor essas donzelas. Em minha opinião, Prudência, Piedade e Caridade são belas e sensatas.

CRISTÃ: Vamos aguardar para saber o que eles farão.

Tão logo se aprontaram, desceram. E todos lhes perguntaram se haviam descansado, se o local foi confortável.

MISERICÓRDIA: Perfeitamente bem. Foi uma das melhores noites que passei na vida.

PRUDÊNCIA e PIEDADE: Se forem convencidos a permanecer aqui por mais tempo, terão tudo o que esta casa puder lhes proporcionar.

---

[3] "Pelo contrário, Deus fala de um modo, sim, de dois modos, *mas o homem* não atenta para isso. Em sonho ou em visão de noite, quando cai sono profundo sobre os homens, quando adormecem na cama" (JÓ 33:14,15).

A Peregrina

CARIDADE: Sim, e tudo com muito boa vontade.

Os peregrinos aceitaram e permaneceram ali por um mês ou pouco mais, com grande proveito para todos. Querendo saber como Cristã havia criado os filhos, Prudência pediu-lhe permissão para catequizá-los. Cristã consentiu. Prudência começou com o mais novo, cujo nome era Tiago.

PRUDÊNCIA: Você sabe, Tiago, quem o criou?

TIAGO: Deus Pai, Deus Filho e Deus Espírito Santo.

PRUDÊNCIA: Muito bem. E sabe quem o salvou?

TIAGO: Deus Pai, Deus Filho e Deus Espírito Santo.

PRUDÊNCIA: De novo, muito bem. Mas como Deus Pai o salva?

TIAGO: Por Sua graça.

PRUDÊNCIA: Como Deus Filho o salva?

TIAGO: Por Sua justiça, morte, sangue e vida.

PRUDÊNCIA: E como Deus Espírito Santo o salva?

TIAGO: Por Sua iluminação, por Sua renovação e por Sua preservação.

PRUDÊNCIA (dirigindo-se a Cristã): Parabéns pela maneira como educa seus filhos. Penso que não há necessidade de mais perguntas para o mais novo, porque respondeu corretamente a todas. Vou dedicar-me ao seguinte. (Dirigindo-se a José, esse era o nome dele): José, você me permite catequizá-lo?

JOSÉ: De todo o coração.

PRUDÊNCIA: O que é o homem?

JOSÉ: Um ser racional, salvo por Deus, como meu irmão disse.

PRUDÊNCIA: O que significa a palavra "salvo"?

JOSÉ: Que o homem, por ser pecador, deixou-se entrar em estado de cativeiro e sofrimento.

PRUDÊNCIA: O que significa ser salvo pela Trindade?

JOSÉ: Que o pecado é um tirano tão grande e poderoso que somente Deus pode tirar-nos de suas garras, e que Deus é tão bom e amoroso que tira o homem de seu estado lastimoso.

PRUDÊNCIA: Qual é o propósito de Deus ao salvar os homens?

JOSÉ: Para glorificar Seu nome, Sua graça, Sua justiça etc.; e para que Seus filhos tenham felicidade eterna.

PRUDÊNCIA: Quem deve ser salvo?

JOSÉ: Todos os que aceitam a salvação.

PRUDÊNCIA: Parabéns, José. Sua mãe o ensinou muito bem, e você assimilou tudo o que ela lhe disse.

Em seguida, dirigiu-se a Samuel, o segundo filho mais velho:

PRUDÊNCIA: Samuel, você permite que eu também o catequize?

SAMUEL: Certamente. Estou às ordens.

PRUDÊNCIA: O que é Céu?

A Peregrina

SAMUEL: Um lugar e um estado das mais completas bênçãos, pois é onde Deus habita.

PRUDÊNCIA: O que é inferno?

SAMUEL: Um lugar e um estado de completo sofrimento, porque é onde habitam o pecado, o diabo e a morte.

PRUDÊNCIA: Por que você quer ir para o Céu?

SAMUEL: Para ver Deus, servi-lo sem me cansar. Para ver Cristo e amá-lo eternamente. Para ter a plenitude do Espírito Santo em mim, o que não posso desfrutar de forma alguma aqui.

PRUDÊNCIA: Parabéns! Você também aprendeu muito bem.

A seguir, dirigiu-se ao primogênito, cujo nome era Mateus.

PRUDÊNCIA: Venha, Mateus, posso catequizá-lo também?

MATEUS: Eu gostaria muito.

PRUDÊNCIA: Existia alguma coisa antes de Deus, ou seja, existe alguma coisa que o preceda?

MATEUS: Não, porque Deus é eterno, e não existia nada antes do primeiro dia, exceto Ele: "Porque, em seis dias, fez o SENHOR os céus e a terra, o mar e tudo o que neles há".[4]

PRUDÊNCIA: O que você acha da Bíblia?

MATEUS: É a santa Palavra de Deus.

PRUDÊNCIA: Há alguma coisa escrita nela que você não entende?

MATEUS: Sim, muitas.

PRUDÊNCIA: O que você faz quando encontra passagens que não entende?

MATEUS: Penso que Deus é mais sábio que eu. Também oro para que Ele se digne a revelar tudo o que sabe para o meu bem.

PRUDÊNCIA: O que você crê a respeito da ressurreição dos mortos?

---

4 Êxodo 20:11

MATEUS: Creio que os que foram sepultados ressuscitarão os mesmos; os mesmos em natureza, porém incorruptíveis. E creio nisso por dois motivos: primeiro, porque Deus prometeu; segundo, porque Ele é capaz de fazer tudo o que quer.

PRUDÊNCIA (dirigindo-se aos meninos): Vocês ainda precisam dar ouvidos à sua mãe, porque ela tem muito a lhes ensinar. Precisam também prestar atenção às boas palavras que ouvem dos outros, porque eles querem o bem de vocês. Observem também, e com muito cuidado, o que o Céu e a Terra lhes ensinam e, acima de tudo, meditem muito naquele Livro que levou seu pai a tornar-se peregrino. Da minha parte, meus filhos, eu lhes ensinarei o que posso enquanto estiverem aqui. E ficarei feliz se me fizerem perguntas piedosas e que edifiquem.

Misericórdia, Astuto e Maridos

Depois de uma semana de hospedagem naquele local, Misericórdia atraiu a atenção de um visitante que frequentava o palácio, cujo nome era Astuto, um homem bem-educado que parecia ser religioso, porém muito ligado ao mundo. Aproximou-se algumas vezes de Misericórdia e disse que a amava. Misericórdia tinha o rosto formoso e atraía muitos olhares para si.

Estava sempre ocupada, trabalhando em alguma coisa. Quando não tinha nada a fazer por si mesma, confeccionava meias e roupas para os necessitados. E Astuto, que não sabia o destino que ela dava ao que fazia, sentiu uma forte atração por ela porque nunca a via parada, de braços cruzados. "Garanto que será uma boa dona de casa", disse consigo mesmo.

Misericórdia revelou às donzelas da casa o que se passava e fez perguntas a respeito dele, porque o conheciam melhor que ela. Contaram que era um rapaz muito atarefado e fingia ser religioso,

A Peregrina

Astuto

mas receavam que talvez não conhecesse o poder daquilo que é bom.

MISERICÓRDIA: Então basta. Não vou mais pensar nele, pois não quero empecilhos em minha vida.

PRUDÊNCIA: Não há necessidade de muita coisa para desencorajá-lo. Basta continuar trabalhando para os pobres que em breve ele desistirá.

Em sua visita seguinte, Astuto encontrou Misericórdia novamente ocupada com seus afazeres, confeccionando coisas para os pobres.

ASTUTO: Sempre trabalhando?

MISERICÓRDIA: Sim, para mim ou para os outros.

ASTUTO: E quanto ganha por dia?

MISERICÓRDIA: Trabalho para ser rica de boas obras, sólido fundamento para o futuro, a fim de receber a vida eterna.[5]

ASTUTO: Então para que serve o seu trabalho?

MISERICÓRDIA: Para vestir os que não têm roupa.

Ao ouvir essas palavras, um ar de decepção cobriu-lhe o rosto e ele não mais se aproximou dela. Quando lhe perguntavam o motivo, dizia que a moça era formosa, porém mal-humorada.

PRUDÊNCIA (após a partida de Astuto): Eu não lhe disse que Astuto logo a abandonaria? E levantará calúnias contra você porque, apesar de sua pretensa religiosidade e aparente amor por Misericórdia, há uma enorme diferença entre a índole de vocês que jamais será conciliada.

---

[5] "Exorta aos ricos do presente século que não sejam orgulhosos, nem depositem a sua esperança na instabilidade da riqueza, mas em Deus, que tudo nos proporciona ricamente para nosso aprazimento; que pratiquem o bem, sejam ricos de boas obras, generosos em dar e prontos a repartir; que acumulem para si mesmos tesouros, sólido fundamento para o futuro, a fim de se apoderarem da verdadeira vida" (1 TIMÓTEO 6:17-19).

A Peregrina

MISERICÓRDIA: Já tive vários pretendentes, apesar de nunca ter comentado esse fato. Mas aparentemente não gostaram de minha maneira de ser, embora não tenham encontrado nenhuma falha de caráter em mim. Simplesmente não houve acordo com nenhum deles.

PRUDÊNCIA: A misericórdia está escassa hoje em dia. Fala-se muito dela, mas poucos põem em prática os princípios estabelecidos por você.

MISERICÓRDIA: Se ninguém me aceitar, morrerei solteira. Não abrirei mão de meus princípios em troca de marido. Não posso mudar minha natureza nem permitir que alguém tente me impor suas ideias. Isso nunca admitirei enquanto viver. Eu tinha uma irmã chamada Generosa que foi casada com um homem intratável. Nunca houve acordo entre eles, porém pelo fato de minha irmã ter tomado a decisão de continuar o que havia iniciado, isto é, ser generosa com os pobres, ele a caluniou e depois expulsou-a de casa.

PRUDÊNCIA: E continuou a declarar-se religioso, tenho certeza.

MISERICÓRDIA: Sim, ele era exatamente assim. E o mundo está cheio de pessoas como ele. Mas não concordo com nenhuma delas.

Mateus, o filho mais velho de Cristã, adoeceu, e as cólicas estomacais causavam-lhe tanto sofrimento que ele chegava a se contorcer de dor. Perto dali morava um médico competente e de idade avançada chamado Dr. Habilidoso. Cristã concordou em chamá-lo, e ele foi visitar o enfermo. Depois de examinar o menino, concluiu que se tratava de um problema muito grave.

DR. HABILIDOSO (dirigindo-se à mãe): Qual tem sido a alimentação de Mateus ultimamente?

CRISTÃ: Alimentação normal. Nada que não seja saudável.

DR. HABILIDOSO: Este menino ingeriu alguma substância que não foi digerida pelo estômago. Não há alternativa a não ser expurgar o que ali está, senão ele morrerá.

JOHN BUNYAN

Dr. Habilidoso

A Peregrina

SAMUEL: Mãe, mãe, o que foi que o meu irmão apanhou e comeu quando atravessamos o portão e nos dirigimos para cá? A senhora lembra que havia um jardim do lado esquerdo? Do outro lado do muro pendiam os galhos de uma árvore, e meu irmão apanhou a fruta e a comeu.

CRISTÃ: É verdade, meu filho. E, por ser tão traquinas, ele pegou a fruta e comeu-a. Eu o repreendi, mas ele não me deu ouvidos.

DR. HABILIDOSO: Logo vi que ele havia ingerido um alimento nocivo. E aquela fruta é o alimento mais nocivo de todos, pois pertence ao pomar de Belzebu. Não sei por que ninguém os advertiu antes. Muitos já morreram em consequência disso.

CRISTÃ (pondo-se a chorar): Ah, que menino travesso! E que mãe descuidada sou! O que posso fazer por meu filho?

DR. HABILIDOSO: Ora, não se sinta tão desprezível; o menino vai ficar bem, mas precisamos forçá-lo a vomitar.

CRISTÃ: Por favor, doutor, use todas as suas habilidades, custe o que custar.

DR. HABILIDOSO: Espero agir com sensatez.

O procedimento foi feito, porém não produziu todo o efeito desejado. Disseram que continha sangue de bode e de touro misturado com um pouco de essência de hissopo e outras coisas.[6] Ao ver que o resultado foi fraco demais, o médico decidiu usar o método *ex Carne*

---

[6] "Ora, visto que a lei tem sombra dos bens vindouros, *não* a imagem real das coisas, nunca jamais pode tornar perfeitos os ofertantes, com os mesmos sacrifícios que, ano após ano, perpetuamente, eles oferecem. Doutra sorte, não teriam cessado de ser oferecidos, porquanto os que prestam culto, tendo sido purificados uma vez por todas, não mais teriam consciência de pecados? Entretanto, *nesses sacrifícios* faz-se recordação de pecados todosos anos, porque *é impossível* que o sangue de touros e de bodes remova pecados" (HEBREUS 10:1-4).

et Sanguine Christi[7] (os médicos usam medicamentos estranhos em seus pacientes), que consistia de pílulas acompanhadas de uma ou duas promessas e uma quantidade razoável de sal.

O menino deveria tomar três pílulas por vez, em jejum, com meia xícara de lágrimas de arrependimento.[8]

Quando a poção foi preparada e levada ao menino, ele relutou em tomá-la, apesar das cólicas que o devastavam.

DR. HABILIDOSO: Vamos, você precisa tomar o remédio.

MATEUS: Meu estômago não aceitará.

CRISTÃ: Vou ter de exigir que você o tome.

MATEUS: Vou vomitar de novo.

CRISTÃ (dirigindo-se ao médico): Que gosto tem o remédio?

DR. HABILIDOSO: Não tem gosto ruim.

CRISTÃ (depois de provar uma pílula com a ponta da língua): Ah, Mateus, este remédio é mais doce que o mel. Se você ama sua mãe, ama seus irmãos, ama Misericórdia e ama a sua vida, tome-o.

---

7 "Quem comer a minha carne e beber o meu sangue tem a vida eterna, e eu o ressuscitarei no último dia. Pois a minha carne é verdadeira comida, e o meu sangue é verdadeira bebida. Quem comer a minha carne e beber o meu sangue permanece em mim, e eu, nele. Assim como o Pai, que vive, me enviou, e igualmente eu vivo pelo Pai, também quem de mim se alimenta por mim viverá" (JOÃO 6:54-57).

"Porque cada um será salgado com fogo [e cada sacrifício será salgado com sal]" (MARCOS 9:49).

8 "Muito mais o sangue de Cristo, que, pelo Espírito eterno, a si mesmo se ofereceu sem mácula a Deus, purificará a nossa consciência de obras mortas, para servirmos ao Deus vivo!" (HEBREUS 9:14).

"E sobre a casa de Davi e sobre os habitantes de Jerusalém derramarei o espírito da graça e de súplicas; olharão para aquele a quem traspassaram; prantéa-lo-ão como quem prantéia por um *unigênito* e chorarão por ele como se chora amargamente pelo *primogênito*" (ZACARIAS 12:10).

A Peregrina

Com muita insistência e depois de uma rápida oração pedindo as bênçãos de Deus, o menino tomou o remédio, que surtiu o efeito desejado, provocando vômito. Depois disso ele dormiu e descansou tranquilamente. Seu corpo se aqueceu e ele transpirou muito, livrando-se totalmente das cólicas.

Pouco tempo depois, levantou-se e conseguiu andar com o auxílio de um cajado. Andando por entre os cômodos, conversou com Prudência, Piedade e Caridade sobre sua doença e como fora curado.

CRISTÃ (dirigindo-se ao médico depois que o menino fora curado): Doutor, quanto devo pagar ao senhor pelos seus serviços e por ter cuidado de meu filho?

DR. HABILIDOSO: Você deve pagar ao dono da escola de medicina, de acordo com as regras aplicadas a este caso.[9]

CRISTÃ: Mas, doutor, estas pílulas que o senhor deu ao meu filho têm alguma outra serventia?

DR. HABILIDOSO: É um remédio universal, e serve para todas as enfermidades às quais os peregrinos estão expostos; e quando bem preparado, afasta todas as más lembranças.

CRISTÃ: Por favor, prepare-me 12 caixas dele, porque se eu o tiver em mãos, nunca mais tomarei outro remédio.

DR. HABILIDOSO: Essas pílulas previnem e também curam enfermidades. Posso garantir que se alguém tomar este remédio conforme prescrito, viverá para sempre.[10]

Porém, minha bondosa Cristã, você só poderá tomá-lo de acordo com que prescrevi, caso contrário, não fará efeito algum.

---

9 "Por meio de Jesus, pois, ofereçamos a Deus, sempre, sacrifício de louvor, que é o fruto de lábios que confessam o seu nome" (HEBREUS 13:15).

10 "Este é o pão que desce do céu, para que todo o que dele comer não pereça" (JOÃO 6:50).

E, assim, ele entregou o remédio a Cristã, para ela própria, para os meninos e para Misericórdia; e ordenou a Mateus que nunca mais comesse ameixas verdes. Despediu-se de todos com um beijo e partiu.

Já lhes contei que Prudência se ofereceu para ajudar os meninos. Sempre que tivessem dúvidas a respeito de assuntos importantes, podiam perguntar-lhe que ela lhes responderia.

MATEUS (por ter estado enfermo): Por que os remédios quase sempre são amargos ao paladar?

PRUDÊNCIA: Para mostrar quanto a Palavra de Deus e seus efeitos são desagradáveis ao coração carnal.

MATEUS: Por que o remédio provoca vômito para nos curar?

PRUDÊNCIA: Para mostrar que, quando a ação da Palavra de Deus é eficaz, ela purifica o coração e a mente. O remédio cura o corpo; a Palavra de Deus cura a alma.

MATEUS: Que lições podemos aprender ao ver que as labaredas sobem e os raios e as doces influências do Sol produzem efeitos de cima para baixo?

PRUDÊNCIA: As labaredas sobem para nos ensinar a elevar ao Céu nossos pedidos ardentes e fervorosos. E o Sol, ao enviar seus raios de luz que nos aquecem e produzem bons efeitos em nós, ensina-nos que o Salvador do mundo, embora exaltado, envia-nos Sua graça e Seu amor.

MATEUS: De onde vem a água das nuvens?

PRUDÊNCIA: Do mar.

MATEUS: O que isso nos ensina?

PRUDÊNCIA: Que os ministros do evangelho devem buscar a doutrina de Deus.

MATEUS: Por que as nuvens despejam água sobre a terra?

A Peregrina

PRUDÊNCIA: Para mostrar que os ministros do evangelho devem transmitir ao mundo o que conhecem a respeito de Deus.

MATEUS: Por que o Sol forma um arco-íris?

PRUDÊNCIA: Para mostrar que o pacto da graça de Deus nos é confirmado em Cristo.

MATEUS: Por que as fontes de água que procedem do mar chegam até nós pela terra?

PRUDÊNCIA: Para mostrar que a graça de Deus chega até nós pelo corpo de Cristo.

MATEUS: Por que algumas nascentes se formam no alto dos montes?

PRUDÊNCIA: Para mostrar que o espírito da graça jorra tanto para os grandes e poderosos quanto para os pobres e humildes.

MATEUS: Por que o fogo se fixa no pavio?

PRUDÊNCIA: Para mostrar que, se a graça não permanecer acesa em nosso coração, a verdadeira luz da vida não brilhará em nós.

MATEUS: Por que gastamos pavio, cera e outras coisas para manter a vela acesa?

PRUDÊNCIA: Para mostrar que o corpo, a alma e tudo o que nos pertence devem estar a serviço da graça de Deus que está em nós e se esforçar para mantê-la em boas condições.

MATEUS: Por que o pelicano fere o próprio peito com o bico?

PRUDÊNCIA: Para alimentar os filhotes com seu sangue; e para mostrar que Cristo ama Seus filhos, o Seu povo, de tal modo que os salvou da morte mediante Seu sangue.

MATEUS: O que aprendemos ao ouvir o galo cantar?

PRUDÊNCIA: Aprendemos a nos lembrar do pecado e do arrependimento de Pedro. O canto do galo mostra também que o dia está chegando e que devemos ter sempre em mente o último e terrível dia do juízo.

Transcorrido um mês, chegou a hora de os peregrinos se prepararem para partir.

JOSÉ (dirigindo-se à mãe): Convém que a senhora não se esqueça de enviar alguém à casa de Intérprete para pedir-lhe que Grande Coração nos acompanhe e nos conduza no restante do caminho.

CRISTÃ: Muito bem, meu filho. Já ia me esquecendo.

Em seguida, Cristã redigiu um pedido e solicitou a Vigilante, o porteiro, que designasse um mensageiro de confiança para entregá-lo a Intérprete. Tão logo o recebeu e leu o conteúdo, Intérprete disse ao mensageiro: "Vá, e diga-lhes que enviarei Grande Coração".

Quando souberam que Cristã havia tomado a decisão de partir, os moradores do palácio se reuniram para render graças ao Rei por ter enviado visitantes tão dignos. Depois disso, disseram a Cristã: "Queremos mostrar-lhes algo que costumamos mostrar aos peregrinos e sobre o qual vocês devem meditar ao longo do caminho". Levaram Cristã, os meninos e Misericórdia a um quarto e mostraram-lhes o fruto da árvore que Eva comeu e deu ao seu marido, o que resultou na expulsão do casal do Paraíso, e pediram a opinião de Cristã sobre aquilo.

CRISTÃ: Pode ser alimento ou veneno, não sei.

Eles, então o revelaram a Cristã, que levantou as mãos e ponderou:

> *Vendo a mulher que a árvore era boa para se comer, agradável aos olhos e árvore desejável para dar entendimento, tomou-lhe do fruto e comeu e deu também ao marido, e ele comeu. Desventurado homem que sou! Quem me livrará do corpo desta morte?* [1]

---

11 Gênesis 3:6; Romanos 7:24

A Peregrina

Depois levaram os peregrinos a um lugar e mostraram-lhes a escada de Jacó. Naquele momento havia alguns anjos subindo por ela.[12] Cristã e o resto do grupo olharam e viram a subida dos anjos. Já estavam saindo para ver outras coisas, mas Tiago disse à mãe: "Peça para ficarmos um pouco mais aqui, porque achei isto muito interessante". Todos voltaram e fixaram os olhos em uma cena muito agradável.

Depois disso foram conduzidos a um lugar no palácio onde viram uma âncora de ouro dependurada.[13] "Levem esta âncora com vocês, porque será muito importante tê-la junto de si, para que possam segurar-se ao que está no interior do véu, caso enfrentem tempos turbulentos". Os peregrinos receberam o presente com grande alegria. Foram conduzidos depois ao monte no qual Abraão, nosso pai, ofereceu seu filho Isaque em sacrifício; e mostraram-lhes o altar, a lenha, o fogo e o cutelo,[14] que podem ser vistos até hoje.

Os peregrinos muito se alegraram pelo que viram. Levantaram as mãos e disseram estas palavras em forma de bênção: "Quanto amor Abraão demonstrou a seu Mestre a ponto de negar a si mesmo". Depois de lhes mostrar todas essas coisas, Prudência levou-os à sala

---

12 "E [Jacó] sonhou: Eis posta na terra uma escada cujo topo atingia o céu; e os anjos subiam e desciam por ela" (GÊNESIS 28:12).

13 "O SENHOR brama de Sião e se fará ouvir de Jerusalém, e os céus e a terra tremerão; mas o SENHOR *será* o refúgio do seu povo e a fortaleza dos filhos de Israel" (JOEL 3:16).
   "A qual [*esperança*] temos por âncora da alma, segura e firme e que penetra além do véu" (HEBREUS 6:19).

14 "Chegaram ao lugar que Deus lhe havia designado; ali edificou Abraão um altar, sobre ele dispôs a lenha, amarrou Isaque, seu filho, e o deitou no altar, em cima da lenha" (GÊNESIS 22:9).

de jantar, onde havia um excelente par de virginais.[15] Prudência os tocou, transformando o que lhes mostrara nesta magnífica canção:

> Prestem atenção ao que acabam de ver:
> O fruto que Eva decidiu comer,
> E a escada de Jacó, que, mesmo dormindo,
> Viu os anjos do Céu por ela subindo.

> Uma âncora receberam de presente
> Porém sozinha não será suficiente,
> Se, como Abraão, não ofertarem ao Senhor
> Aquilo que possuem de maior valor.

Naquele momento alguém bateu à porta. O porteiro abriu-a e, vejam só!, Grande Coração havia chegado. Quando ele entrou, houve grande alegria da parte de todos, porque ainda retinham na memória que ele havia matado o gigante Sanguinário, o Cruel, e os livrara dos leões.

Grande Coração dirigiu-se a Cristã e a Misericórdia: "O meu Senhor enviou a cada um de vocês uma garrafa de vinho, grãos torrados e duas romãs. Também enviou figos e passas aos meninos para se fortalecerem durante a viagem".

Em seguida, os peregrinos prepararam-se para jornada. Prudência e Piedade os acompanharam. Ao chegarem ao portão, Cristã perguntou ao porteiro se alguém havia passado por ali ultimamente.

---

15 N.T.: Instrumento musical de teclado e cordas que se tangem por bico de pena, como na espineta, com a qual se parece, tendo, porém, geralmente, a forma de uma caixa retangular, pequena e leve, e sendo de uso posterior (séculos 15 e 16). *Dicionário Aurélio*, 5ª edição. Curitiba: Positivo, 2010.

A Peregrina

VIGILANTE: Faz algum tempo que alguém passou por aqui e me contou que houve um grande roubo na estrada do Rei, que vocês vão percorrer. Mas ele disse que os ladrões foram presos e em breve serão submetidos a julgamento.

MATEUS (ao ver a expressão de pavor no rosto de Cristã e Misericórdia): Mãe, não tenha medo porque Grande Coração irá conosco e será o nosso guia.

CRISTÃ (dirigindo-se a Vigilante): Sou muito grata a você por toda a sua bondade desde que cheguei; e também por ter sido tão amoroso e carinhoso com meus filhos. Não tenho como retribuir sua generosidade, mas peço que aceite este singelo presente como prova de meu agradecimento.

Com essas palavras, ela colocou uma moeda de ouro com a figura de um anjo (uma moeda antiga) na mão dele.

VIGILANTE (com um gesto respeitoso): Que as suas vestes sejam sempre alvas e nunca falte óleo em sua cabeça. Que Misericórdia viva e nunca lhe falte trabalho. (E dirigindo-se aos meninos): Fujam dos apetites carnais da mocidade e sigam a santidade dos que são prudentes e sábios. Assim alegrarão o coração de sua mãe e receberão elogios de todos os que possuem equilíbrio.

Os peregrinos agradeceram ao porteiro e partiram.

CAPÍTULO 6
O Vale da Humilhação

Prosseguindo no sonho, vi que eles caminharam até chegar ao alto do monte, onde Piedade pensou um pouco e disse em voz alta: "Ah, esqueci uma coisa que pretendia dar a Cristã e seu grupo. Vou buscá-la". E voltou correndo.

Durante a ausência de Piedade, Cristã ouviu, vinda de um bosque, um pouco adiante à direita, uma rara e melodiosa música, cujas palavras eram estas:

Em toda a minha vida, Senhor,
Mostrado tens o Teu favor.

> *Que em Tua casa eu possa morar*
> *E viver feliz em meu eterno lar.*

Continuando a prestar atenção, ela pensou ter ouvido uma resposta, dizendo:

> *Porque o Senhor é bom e nos guiará,*
> *Sua misericórdia para sempre durará.*
> *Certos estamos de que Sua verdade*
> *Permanecerá por toda a eternidade.*

CRISTÃ (dirigindo-se a Prudência): Quem produz este canto tão melodioso?

PRUDÊNCIA: As aves de nosso campo. É raro cantarem, a não ser na primavera quando as flores desabrocham com o brilho e o calor do Sol. Nessa época, cantam o dia inteiro. Eu saio para ouvi-las e quase sempre as levo para casa. São ótimas companhia para nós quando estamos tristes. Transformam bosques, florestas e locais ermos em lugares aprazíveis.[1]

PIEDADE (de volta ao local): Veja, Cristã. Eu lhe trouxe uma lista das coisas que vocês viram em nossa casa, às quais devem consultar quando estiverem se esquecendo e, assim, sempre lhes sejam trazidas à memória para sua edificação e consolo.

Em seguida, começaram a descer o monte rumo ao Vale da Humilhação. A encosta era íngreme e o caminho, escorregadio. Mas, com muito cuidado, conseguiram descer. Ao chegarem ao vale, Piedade disse a Cristã: "Este é o lugar onde Cristão, seu marido, se

---

[1] "Porque eis que passou o inverno, cessou a chuva e se foi; aparecem as flores na terra, chegou o tempo de cantarem as aves, e a voz da rola ouve-se em nossa terra" (CÂNTICO DOS CÂNTICOS 2:11,12).

encontrou com o Apolião, o espírito maligno, e onde travaram uma terrível batalha, da qual, sem dúvida, você já ouviu falar. Mas tenha bom ânimo! Uma vez que Grande Coração está aqui para ser seu guia, esperamos que tudo corra melhor". Depois de recomendar os peregrinos ao guia, este seguiu à frente e elas o seguiam.

GRANDE CORAÇÃO: Não devemos ter medo deste vale, porque aqui não há nada que nos possa prejudicar, a não ser que procuremos o mal. É verdade que foi aqui que Cristão se encontrou com Apolião, com quem teve um violento embate. Mas aquela luta foi fruto de seus escorregões na descida ao vale. Os que escorregam ali encontram combates aqui. É por isso que este vale tem má fama, pois o povo em geral, quando ouve falar que ocorreu alguma fatalidade neste lugar, diz que é assombrado por abrigar um espírito maligno quando, de fato, isso é fruto das más obras de quem passa pelo local. O Vale da Humilhação é, em si, um lugar frutífero sobre o qual todas as aves gostam de voar. E estou convencido de que encontraremos, em algum lugar por aqui, algo que nos explique por que Cristão foi tão perseguido.

TIAGO (dirigindo-se à mãe): Olhe, estou vendo uma coluna ali adiante, e parece que há algumas palavras escritas nela. Vamos ver o que é.

Ao aproximar-se, encontraram um letreiro com estes dizeres: "Que os escorregões de Cristão antes de chegar aqui e as batalhas que enfrentou neste lugar sirvam de aviso aos que vierem depois dele".

GRANDE CORAÇÃO: Eu não disse que havia algo aqui que nos explicaria por que Cristão foi tão perseguido neste lugar? (Dirigindo-se a Cristã): Não digo isto para menosprezar Cristão e tantos outros que tiveram a mesma sorte. Aqui a subida é muito mais fácil que a descida, fato muito raro de se ouvir a respeito de outros montes. Mas vamos deixar Cristão em paz. Ele está descansando e

JOHN BUNYAN

Pastorzinho

derrotou bravamente seu inimigo; que aproveite sua morada lá no alto e que não nos aconteça coisa pior quando passarmos por provações semelhantes às dele.

Mas voltemos a falar deste Vale da Humilhação. Este é o melhor lugar e o mais frutífero de toda a região. O solo é fértil e, como podem ver, consiste em grande parte de campinas. Se alguém chegasse aqui no verão, como nós, e não conhecesse nada a respeito do lugar, e se soubesse também apreciar o que vê, ficaria encantado. Vejam como é verde este vale! Vejam a beleza dos lírios![2]

Também conheço muitos homens que, depois de muitas lutas e sofrimento, conseguiram bons resultados neste Vale da Humilhação (porque Deus resiste aos orgulhosos, mas concede mais graça ainda aos humildes[3]). Na verdade, este solo é muito fecundo e produtivo. Há muitos que gostariam de seguir diretamente daqui até a casa do Pai, pois assim não teriam mais de ser atormentados ao passar por colinas ou montes, mas o caminho está traçado e é necessário segui-lo até o fim.

Enquanto andavam e conversavam, avistaram um menino pastoreando as ovelhas de seu pai. Embora trajasse roupas surradas, era um rapazinho alegre e de boa aparência. Sentado ali sozinho, cantava. "Ouçam", disse Grande Coração, "o que o pastorzinho diz".

---

2 "Eu *sou* a rosa de Sarom, [*e*] o lírio dos vales" (CÂNTICO DOS CÂNTICOS 2:1).
   "Antes, ele dá maior graça; pelo que diz: Deus resiste aos soberbos, mas dá graça aos humildes" (TIAGO 4:6).

3 "Rogo, igualmente aos jovens: sede submissos aos que são mais velhos; outrossim, no trato de uns com os outros, cingi-vos todos de humildade, porque Deus resiste aos soberbos, contudo, aos humildes concede a sua graça" (1 PEDRO 5:5).

Todos prestaram atenção às suas palavras:
O que está embaixo da queda não temerá;
Quem é humilde orgulho jamais terá;
E quanto aos mansos de coração,
Guiados por Deus sempre serão.

Com o que possuo satisfeito estou;
Seja muito ou pouco, sorrindo vou.
E, Senhor, contente sempre serei
Pois me salvaste do jugo da Lei.

As riquezas, que grande fardo são
Para quem segue em peregrinação.
Poucas aqui, bênçãos abundantes lá
O fiel peregrino um dia alcançará.[4]

GRANDE CORAÇÃO: Ouviram? Atrevo-me a dizer que aquele pastorzinho é muito feliz e tem muito mais paz de espírito no coração do que quem se veste de seda e veludo. Mas voltemos ao nosso assunto. Em tempos passados, nosso Senhor possuía uma habitação neste vale e gostava muito de estar aqui. Também gostava muito de andar por estas campinas, porque o ar lhe era agradável. Além disso, este é um lugar onde nos sentimos livres dos ruídos e das agitações desta vida. Há barulho e confusão em toda parte; somente no

---

4 "Tanto sei estar humilhado como também ser honrado; de tudo e em todas as circunstâncias, já tenho experiência, tanto de fartura como de fome; assim de abundância como de escassez" (FILIPENSES 4:12,13).
"*Seja a vossa* vida sem avareza. *Contentai-vos* com as coisas que tendes; porque ele tem dito: De maneira alguma te deixarei, nunca jamais te abandonarei" (HEBREUS 13:5).

A Peregrina

Vale da Humilhação encontramos um lugar desabitado e solitário. Não há nada aqui que perturbe nossas meditações como ocorre em outros lugares. Ninguém transita por aqui, a não ser quem ama a vida de peregrinação. E apesar de Cristão ter tido aqui um encontro agitado com Apolião e entrado em luta com ele, devo dizer-lhes que, em tempos passados alguns homens neste lugar encontraram anjos, e pérolas, e palavras de vida.[5]

Já lhes contei que o Senhor possuía uma habitação aqui em tempos passados e que gostava muito de andar por aqui. E vou complementar. Neste lugar e para os que trilham este caminho, Ele deixou uma renda anual para lhes ser paga rigorosamente em certas ocasiões para a manutenção do caminho, e para encorajá-los a seguir em peregrinação.[6]

SAMUEL (dirigindo-se a Grande Coração): Senhor, sei que neste vale meu pai e Apolião travaram uma luta, mas onde foi o combate? Vejo que este vale é imenso.

GRANDE CORAÇÃO: Seu pai lutou com Apolião bem mais adiante de onde nos encontramos, em uma passagem estreita, além do Prado do Esquecimento. Aquele lugar é o mais perigoso de todos, porque, quando passam por maus bocados, os peregrinos se esquecem dos favores que receberam e de quanto são indignos deles. Neste lugar outros também estiveram em apuros. Falaremos mais

---

[5] "O Senhor também com Judá tem contenda e castigará Jacó segundo o seu proceder; segundo as suas obras, o recompensará. No ventre, pegou do calcanhar de seu irmão; no vigor da sua idade, lutou com Deus; lutou com o anjo e prevaleceu; chorou e lhe pediu mercê; *em* Betel, achou a Deus, e ali falou Deus conosco. O Senhor, o Deus dos Exércitos, o Senhor *é* o seu nome" (OSEIAS 12:2-5).

[6] "Tomai sobre vós o meu jugo e aprendei de mim, porque sou manso e humilde de coração; e achareis descanso para a vossa alma" (MATEUS 11:29).

do lugar quando chegarmos lá, porque estou convencido de que ainda existem alguns sinais da luta ou um monumento para comprovar que ali foi travada uma batalha.

MISERICÓRDIA: Sinto-me tão bem neste vale quanto em todos os outros lugares de nossa jornada. Parece que se harmoniza com meu espírito. Gosto muito de lugares onde não há ruídos de coches nem de rodas. Acho que aqui é o lugar ideal para pensarmos, sem muita importunação, em quem somos, de onde viemos, o que fizemos e qual é o chamado do Rei para nós. Aqui meditamos, abrimos o coração e nos unimos em um só espírito, até nossos olhos se tornarem como as piscinas de Hesbom.[7] Os que andam corretamente por este vale árido fazem dele um manancial; a chuva que Deus envia do céu sobre os que aqui estão também enche as piscinas.[8] Deste vale o Rei lhes dará suas vinhas, e eles o atravessarão cantando[9] (como Cristão fez, apesar de tudo o que enfrentou ao encontrar-se com Apolião).

GRANDE CORAÇÃO: É verdade. Atravessei este vale muitas vezes e nunca houve lugar melhor do que este aqui. Tenho também

---

[7] Referente ao texto Bíblico de Cântico dos Cânticos 7:4 — "O teu pescoço, *como* torre de marfim; os teus olhos *são* as piscinas de Hesbom, junto à porta de Bate-Rabim; o teu nariz, *como* a torre do Líbano, que olha para Damasco". [N.E.: A cidade de Hesbom fica a 60 km a leste de Jerusalém. Suas piscinas são famosas pelo tom esverdeado vivo e por possuírem águas calmas e cristalinas.]

[8] "*Bem-aventurado* o homem cuja força *está* em ti, em cujo coração *se encontram* os caminhos aplanados, o qual, passando pelo vale árido, faz dele um manancial; de bênçãos o cobre a primeira chuva. Vão indo de força em força; *cada um deles* aparece diante de Deus em Sião" (SALMO 84:5-7).

[9] "E lhe darei, dali, as suas vinhas e o vale de Acor por porta de esperança; será ela obsequiosa como nos dias da sua mocidade e como no dia em que subiu da terra do Egito" (OSEIAS 2:15).

conduzido vários peregrinos, e todos dizem o mesmo: "Para este homem eu olharei", diz o Rei, "até mesmo para aquele que é pobre e abatido de espírito, e treme diante de minha palavra".[10]

Chegaram, então, ao lugar onde havia sido travada a batalha já mencionada.

GRANDE CORAÇÃO: Este é o lugar. Foi exatamente aqui que Cristão parou; e dali Apolião investiu contra ele. E vejam, eu não lhes disse? Até hoje há aqui um pouco do sangue de seu marido sobre estas pedras, Cristã. E ainda podemos ver aqui e ali alguns fragmentos dos dardos quebrados de Apolião. Vejam também as marcas de seus pés no chão durante a luta para se posicionarem melhor frente a frente. E observem estas pedras esmigalhadas com seus socos. De fato, Cristão lutou corajosamente quando esteve aqui. Resistiu com todas as suas forças como se fosse o próprio Hércules. Ao ser derrotado, Apolião fugiu para o vale ao lado, chamado Vale da Sombra da Morte, aonde chegaremos daqui a pouco. Mais adiante há um monumento no qual há o registro sobre essa batalha, e a vitória de Cristão que será aclamada por séculos e mais séculos.

O monumento encontrava-se no caminho adiante dos peregrinos. Aproximando-se dele, leram o que estava escrito, palavra por palavra:

> Uma intensa luta travou-se neste lugar;
> Verdadeira sim, porém singular.
> Cristão e Apolião lutando frente a frente,
> Cada um tendo a vitória total em mente.

---

10 "Porque a minha mão fez todas estas coisas, e todas vieram a existir, diz o Senhor, mas o homem para quem olharei é este: o aflito e abatido de espírito e que treme da minha palavra" (ISAÍAS 66:2).

JOHN BUNYAN

Lutando com bravura contra seu algoz,
Cristão pôs em fuga o inimigo feroz.
Em memória de sua grande vitória,
Este monumento testifica sua glória.

A seguir, chegaram à beira do Vale da Sombra da Morte, que era um pouco mais comprido que o outro. Também um lugar estranhamente infestado de maldade, como muitos podem atestar. Mas as mulheres e as crianças conseguiram atravessá-lo, por causa da luz do dia e por terem Grande Coração como guia.

Ao entrar no vale, pensaram ter ouvido o gemido de um moribundo, um gemido muito forte, e também palavras de lamentação, como se alguém estivesse em extremo tormento. Os meninos tremeram de medo e as mulheres empalideceram, porém o guia os animou.

Avançaram um pouco mais e pensaram ter sentido o chão tremer sob seus pés, como se o lugar fosse oco; ouviram também um som de sibilo de serpente, mas não viram nada. Os meninos disseram: "Ainda não chegamos ao fim deste lugar horrível?". O guia, porém, animou-os mais uma vez. "Olhem onde pisam", disse, "para não caírem em uma armadilha".

Tiago começou a passar mal, mas penso que foi por causa do medo. A mãe deu-lhe um pouco do licor que havia recebido na casa de Intérprete, e três pílulas preparadas pelo Dr. Habilidoso. O menino reanimou-se. Prosseguiram a caminhada até chegarem ao meio do vale.

CRISTÃ: Acho que estou vendo um pouco mais adiante de nós algo disforme como nunca vi na vida.

JOSÉ: O que é, mãe?

CRISTÃ: Uma coisa feia, filho, uma coisa feia.

JOSÉ: E como ela é?

CRISTÃ: Não sei dizer. Estava um pouco mais distante. Agora está perto.

GRANDE CORAÇÃO: Vamos, vamos. Os que estão com medo fiquem perto de mim.

O ser maligno avançou, e o guia foi ao seu encontro. Mas quando o guia se aproximou, ele desapareceu da vista de todos. Os peregrinos lembraram-se do que lhes havia sido dito: "Resisti ao diabo, e ele fugirá de vós".[11]

Prosseguiram a viagem, um pouco mais revigorados; mas Misericórdia, ao olhar para trás, viu o que imaginou ser um leão, que a perseguia com grandes passadas; ele tinha um rugido cavernoso e cada rugido que dava ecoava por todo o vale, deixando todos aterrorizados, menos o guia. Ao ver que o leão se aproximava, Grande Coração colocou-se entre o animal e os peregrinos. O leão acelerou o passo, e Grande Coração foi ao seu encontro para lutar com ele. Quando, porém, o leão viu que encontraria resistência, recuou e foi embora.[12]

Retomando a caminhada, com o guia adiante deles, chegaram a um lugar onde havia um fosso de um lado ao outro da estrada. Antes que se preparassem para atravessá-lo, um grande nevoeiro e densas trevas os cobriram, e ninguém conseguia enxergar nada. "Que infelicidade! O que faremos?", perguntaram os peregrinos. O guia respondeu: "Não tenham medo. Parem e verão que este problema também terá um fim". Todos pararam porque o caminho estava impedido.

---

11 Tiago 4:7

12 "Sede sóbrios e vigilantes. O diabo, vosso adversário, anda em derredor, como leão que ruge procurando alguém para devorar; resisti-lhe firmes na fé, certos de que sofrimentos iguais ao vossos estão-se cumprindo na vossa irmandade espalhada no mundo" (1 PEDRO 5:8,9).

Em seguida, pensaram ter ouvido mais distintamente o barulho de inimigos avançando na direção deles. Também viam com mais nitidez o fogo e a fumaça que saíam do fosso.

CRISTÃ (dirigindo-se a Misericórdia): Agora entendo o que o coitado de meu marido sofreu. Já ouvi falar muito deste lugar, mas nunca estive aqui. Pobre homem! Passou uma noite inteira sozinho aqui. Enfrentou escuridão na maior parte do caminho, com estes inimigos o perseguindo, como se quisessem dilacerá-lo. Muitos falam do Vale da Sombra da Morte, mas somente o entendem aqueles que passaram por aqui. "O coração conhece a sua própria amargura, e da sua alegria não participará o estranho."[13] É terrível estar aqui!

GRANDE CORAÇÃO: É como negociar nas grandes águas, ou como descer às profundezas; é como estar no meio do mar e como descer até o fundamento dos montes. Agora parece que a terra nos mantém trancados para sempre. "Aquele que andou em trevas, sem nenhuma luz, confie em o nome do Senhor e se firme sobre o seu Deus".[14] De minha parte, conforme já lhes disse, atravessei várias vezes este vale, e já encontrei perigos maiores do que agora, mas, como veem, continuo vivo. Não quero me vangloriar, porque não sou o meu próprio salvador; mas confio que receberemos ajuda para sair daqui. Vamos orar pedindo luz Àquele capaz de desfazer estas trevas, que é poderoso para repreender não somente estes, mas todos os demônios que se encontram no inferno.

Eles clamaram e oraram, e Deus enviou luz e libertação. Agora não havia nenhum obstáculo no caminho. Nenhum. Nem o fosso diante do qual pararam.

---

13 Provérbios 14:10

14 Isaías 50:10

A Peregrina

Ainda não haviam atravessado o vale, portanto continuaram a andar; de repente, um odor fétido e repugnante tomou conta do local, que muito os incomodou.

MISERICÓRDIA (dirigindo-se a Cristã): É muito desagradável estar aqui, um lugar tão diferente do portão, da casa de Intérprete ou da casa onde fomos hospedados.

SAMUEL: Ah, mas é preferível passar por este vale a permanecer aqui para sempre. E tenho certeza de que sei o motivo por que precisamos atravessá-lo: para que, ao chegarmos à casa que nos foi preparada, ela nos pareça mais agradável ainda.

GRANDE CORAÇÃO: Sábias palavras, Samuel. Você falou como um verdadeiro homem.

SAMUEL: Se sair daqui, penso que saberei valorizar a luz e o bom caminho, muito mais do que em toda a minha vida.

GRANDE CORAÇÃO: Logo sairemos daqui.

E continuaram a caminhar.

JOSÉ: Quando veremos o fim deste vale?

GRANDE CORAÇÃO: Cuidado com o lugar onde pisa, porque estamos andando entre armadilhas.

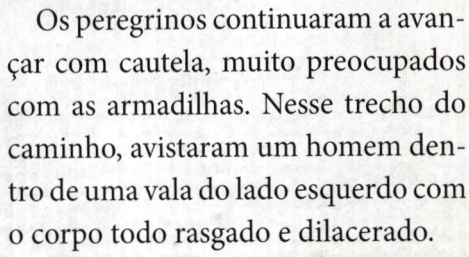

Os peregrinos continuaram a avançar com cautela, muito preocupados com as armadilhas. Nesse trecho do caminho, avistaram um homem dentro de uma vala do lado esquerdo com o corpo todo rasgado e dilacerado.

GRANDE CORAÇÃO: Este aqui é um tal de Incauto, que passava por este caminho, e faz muito tempo que jaz ali. Quando foi capturado e morto, estava acompanhado de Cauteloso,

JOHN BUNYAN

Gigante Pancada

que conseguiu fugir. Vocês não imaginam quantos foram assassinados aqui; ainda assim há muitos homens tolos demais, que não levam a peregrinação a sério e dispensam a ajuda de um guia. Pobre Cristão! Ele escapou por milagre; mas era amado por Deus e seu coração era bom, caso contrário nunca teria conseguido.

Agora já estavam quase saindo do vale. E foi naquele ponto que Cristão avistara a caverna de onde saiu Pancada, um gigante. Esse gigante costumava ludibriar com sofismas os jovens peregrinos.

GIGANTE (chamando Grande Coração pelo nome): Quantas vezes você foi proibido de fazer essas coisas?

GRANDE CORAÇÃO: Que coisas?

GIGANTE: Que coisas? Você bem sabe, mas vou dar um fim a essa sua função.

GRANDE CORAÇÃO: Antes de nos enfrentarmos, queremos entender o motivo de nossa luta.

As mulheres e as crianças começaram a tremer, e não sabiam o que fazer.

GIGANTE: Você rouba o país e, entre todos os ladrões, você é o maioral.

GRANDE CORAÇÃO: Suas palavras não dizem nada. Explique-se melhor.

GIGANTE: Você é sequestrador. Recruta mulheres e crianças e as leva para um país estranho, e enfraquece o reino do meu senhor.

GRANDE CORAÇÃO: Sou servo do Deus do Céu. Minha função é persuadir os homens a se arrependerem de seus pecados. Meu dever é esforçar-me ao máximo para tirar homens, mulheres e crianças das trevas e conduzi-los à luz. Tirá-los do poder de Satanás e conduzi-los a Deus. Se for esse o motivo desta discussão, estou pronto a lutar quando você quiser.

O gigante avançou empunhando uma clava, e Grande Coração, indo ao encontro dele, desembainhou sua espada. A luta começou sem mais delongas. Ao receber o primeiro golpe do gigante, Grande Coração caiu de joelhos. As mulheres e as crianças gritaram, mas Grande Coração, recobrando-se do golpe, investiu contra ele de maneira vigorosa, ferindo-lhe o braço. Lutaram durante uma hora e com tal violência, que a respiração do gigante lhe saía pelas narinas como uma caldeira fumegante.

Em seguida, sentaram-se para descansar um pouco, enquanto Grande Coração recorria à oração. As mulheres e as crianças suspiravam e choravam durante todo o tempo da batalha.

Depois de descansarem e recuperarem o fôlego, reiniciaram a luta. Com um golpe certeiro, Grande Coração derrubou o gigante ao chão.

GIGANTE: Um momento! Deixe-me levantar.

Grande Coração, agindo com justiça, permitiu que ele se levantasse, e a luta recomeçou. Por pouco, o gigante não conseguiu acertar uma porretada na cabeça de Grande Coração, que arremeteu-se contra o gigante com todas as suas forças, ferindo-o na quinta costela com sua espada. Gravemente ferido, o gigante não mais conseguia suster sua clava. Em seguida, Grande Coração golpeou-o novamente, desta vez decepando-lhe a cabeça. As mulheres e as crianças alegraram-se, e Grande Coração louvou ao Senhor pela vitória que lhe proporcionou.

Terminada a batalha, levantaram entre eles uma coluna na qual amarraram a cabeça do gigante e, embaixo, escreveram estas palavras para serem lidas pelos que por ali passassem:

Amarrada está aqui a cabeça de alguém
Que sempre os peregrinos maltratou.

A Peregrina

Impedindo o caminho, não poupava ninguém.
E, com suas maldades, de todos abusou
Até quando eu, Grande Coração, fui escolhido
Como guia dos peregrinos por ordem do meu Senhor.
Seu grande inimigo foi mortalmente ferido
Na batalha contra este fiel opositor.

Vi agora que eles se dirigiram a um lugar alto a pouca distância, planejado para que os peregrinos pudessem avistar um panorama mais amplo (o mesmo lugar onde Cristão viu Fiel, seu irmão, pela primeira vez[15]). Ao chegar, sentaram-se para descansar; também se alimentaram, mataram a sede e se alegraram porque haviam sido libertos daquele inimigo tão perigoso.

CRISTÃ (dirigindo-se a Grande Coração): O senhor não foi ferido gravemente na luta contra o gigante?

GRANDE CORAÇÃO: Não, só uns pequenos ferimentos, mas isso, longe de me desanimar, é uma prova atual de meu amor por meu Mestre e por vocês. E será um meio, pela graça, de receber uma recompensa maior.

CRISTÃ: Mas não teve medo quando o viu empunhando uma clava?

GRANDE CORAÇÃO: Tenho o dever de desconfiar de minha habilidade, para confiar naquele que é mais poderoso que todos.[16]

---

15 *O peregrino*, Publicações Pão Diário, 2020, pp. 133-134.

16 "Temos, porém, este tesouro em vasos de barro, para que a excelência do poder seja de Deus e não de nós. Em tudo *somos* atribulados, porém não angustiados; perplexos, porém não desanimados; perseguidos, porém não desamparados; abatidos, porém não destruídos; levando sempre no corpo o morrer de Jesus, para que também a sua vida se manifeste em nosso corpo. Porque nós, que vivemos, somos sempre entregues à morte

CRISTÃ: Mas o que pensou quando ele o derrubou com o primeiro golpe?

GRANDE CORAÇÃO: Pensei que meu Mestre também foi maltratado, mas conquistou a vitória.

MATEUS: Pensem o que quiserem, mas acho que Deus agiu maravilhosamente em nosso favor, tanto por nos tirar daquele vale como por nos libertar da mão do inimigo; de minha parte não vejo motivo algum para duvidarmos de nosso Deus, em razão desta prova de amor que nos deu neste lugar.

Todos se levantaram e prosseguiram a viagem. Pouco depois, avistaram um peregrino ancião dormindo embaixo de um carvalho. Viram que ele era peregrino por causa de suas roupas, do cajado e da faixa na cintura.

Grande Coração o despertou. O ancião ergueu os olhos e gritou: "O que foi? Quem é você? E o que está fazendo aqui?".

GRANDE CORAÇÃO: Não se zangue, homem, somos todos amigos.

Ainda assim, o ancião levantou-se e permaneceu em posição de defesa até ter certeza de quem eles eram. E o guia disse: "Meu nome é Grande Coração, sou o guia destes peregrinos, que caminham rumo à Cidade Celestial".

HONESTO (esse era o nome do ancião): Peço misericórdia; tive medo de que pertencessem aos bandidos que roubaram o dinheiro

---

por causa de Jesus, para que também a vida de Jesus se manifeste em nossa carne mortal. De modo que, em nós, opera a morte, mas, em vós, a vida. Tendo, porém, o mesmo espírito da fé, como está escrito: Eu cri; por isso falei. Também nós cremos; por isso, também falamos, sabendo que aquele que ressuscitou o Senhor Jesus também nos ressuscitará com Jesus e *nos* apresentará convosco. Porque todas as coisas *existem* por amor de vós, para que a graça, multiplicando-se, torne abundantes as ações de graças por meio de muitos, para a glória de Deus" (2 CORÍNTIOS 4:7-15).

A Peregrina

Ancião Honesto

de Pouca-Fé algum tempo atrás, porém, depois de prestar mais atenção, vejo que são pessoas dignas de confiança.

GRANDE CORAÇÃO: E o que o senhor teria feito para se defender, se fôssemos bandidos de fato?

HONESTO: O que teria feito? Teria lutado até o último suspiro. E tenho certeza de que você nunca teria vencido, porque um cristão sempre é vitorioso, a não ser que se renda.

GRANDE CORAÇÃO: Sábias palavras. Sei que é um homem de grande valor, porque disse a verdade.

HONESTO: E também sei que você conhece a verdadeira vida de peregrino, pois todos os outros pensam que somos derrotados com facilidade.

GRANDE CORAÇÃO: Já que tivemos a felicidade de nos conhecer, peço que diga seu nome e de onde vem.

HONESTO: Meu nome não posso dizer, mas venho da Cidade da Estupidez, bem distante da Cidade da Destruição.

GRANDE CORAÇÃO: Ah, então o senhor é um homem do campo? Creio que já sei o seu nome. O senhor é o Ancião Honesto, não?

HONESTO (ruborizando-se): Não Honestidade no abstrato, mas meu nome é Honesto. E gostaria que minha natureza fosse condizente com meu nome. Mas como você adivinhou quem sou? Eu apenas contei de onde vim.

GRANDE CORAÇÃO: Meu Mestre já me falou do senhor, porque Ele sabe tudo o que se passa na Terra. É estranho encontrar alguém como você procedente de sua cidade, porque ela é pior que a Cidade da Destruição.

HONESTO: Sim, vivemos mais afastados do Sol, portanto somos mais frios e insensíveis; porém, ainda que um homem vivesse em uma montanha de gelo, se o Sol da Justiça brilhar sobre ele, derreterá seu coração congelado. Foi o que ocorreu comigo.

A Peregrina

GRANDE CORAÇÃO: Acredito, Sr. Honesto, acredito, pois sei que é verdade.

O ancião saudou todos os peregrinos com um ósculo santo de caridade, perguntou o nome de cada um e como se sentiam desde que partiram em peregrinação.

CRISTÃ: Suponho que o senhor já tenha ouvido o meu nome; Cristão, o bom homem, era meu marido e estes são seus quatro filhos.

Imaginem só como o ancião reagiu quando Cristã lhe disse quem era! Saltou de alegria, sorriu e desejou-lhes muitas felicidades.

HONESTO: Ouvi falar muito de seu marido, de suas viagens e das lutas pelas quais passou. Para consolá-la, digo que o nome de seu marido é mencionado por todas estas partes do mundo: sua fé, coragem, resignação e sinceridade em tudo tornaram o nome dele famoso.

Em seguida, Honesto virou-se para os meninos e perguntou o nome de cada um. Depois de ouvi-los disse: "Mateus, seja como Mateus, o publicano — não em falta grave, mas em virtude". "Samuel, seja como Samuel, o profeta, um homem de fé e oração." "José, seja como José na casa de Potifar — seja casto e fuja da tentação." "Tiago, seja como Tiago, o Justo, e como Tiago, irmão de nosso Senhor."[17]

---

17 "Filipe e Bartolomeu; Tomé e Mateus, o publicano; Tiago, *filho* de Alfeu e Tadeu" (MATEUS 10:3).

"Moisés e Arão, entre os seus sacerdotes, e, Samuel, entre os que lhe invocam o nome, clamavam ao SENHOR e ele os ouvia" (SALMO 99:6).

"José foi levado ao Egito, e Potifar, oficial de Faraó, comandante da guarda, egípcio, comprou-o dos ismaelitas que o tinham levado para lá. O SENHOR era com José, que veio a ser homem próspero; e estava na casa de seu senhor egípcio. Vendo Potifar que o SENHOR *era* com ele e que tudo o que ele fazia o SENHOR prosperava em suas mãos, logrou José mercê perante ele, a quem servia; e ele o pôs por mordomo de sua casa e lhe passou às mãos tudo *o que* tinha. E, desde que o fizera mordomo de sua casa e sobre

E contaram-lhe a respeito de Misericórdia, de como havia deixado sua cidade e seus parentes para acompanhar Cristã e seus filhos.

HONESTO (dirigindo-se a Misericórdia): O seu nome é Misericórdia? Pela misericórdia você será sustentada e pela misericórdia será conduzida em todas as dificuldades que surgirem em seu caminho, até chegar ao lugar onde olhará para a face da fonte de misericórdia com consolação.

E o guia, Grande Coração, alegrou-se o tempo todo e sorriu para seu companheiro.

---

tudo o que tinha, o SENHOR abençoou a casa do egípcio por amor de José; a bênção do SENHOR estava sobre tudo o que tinha, tanto em casa como no campo. Potifar tudo o que tinha confiou às mãos de José, de maneira que, tendo-o por mordomo, de nada sabia, além do pão com que se alimentava. José *era formoso de porte e de aparência*. Aconteceu, depois destas coisas, que a mulher de seu senhor pôs os olhos em José e lhe disse: Deita-te comigo. Ele, porém, recusou e disse à mulher do seu senhor: Tem-me por mordomo o meu senhor e *não sabe* do que há em casa, pois tudo o que tem me passou ele às minhas mãos. Ele não é maior do que eu nesta casa e nenhuma coisa me vedou, senão a ti, porque *és* sua mulher; como, pois, cometeria eu tamanha maldade e pecaria contra Deus? Falando ela a José todos os dias, e não lhe dando ele ouvidos, para se deitar com ela *e* estar com ela, sucedeu que, certo dia, veio *ele* a casa, para atender aos negócios; e *ninguém* dos de casa se achava presente. Então, ela o pegou pelas vestes e lhe disse: Deita-te comigo; ele, porém, deixando as vestes nas mãos dela, saiu, fugindo para fora. Vendo ela que ele fugira para fora, mas havia deixado as vestes nas mãos dela, chamou pelos homens de sua casa e lhes disse: Vede, trouxe-nos meu marido este hebreu para insultar-nos; veio até mim para se deitar comigo; mas eu gritei em alta voz. Ouvindo ele que eu levantava a voz e gritava, deixou as vestes ao meu lado e saiu, fugindo para fora. Conservou ela junto de si as vestes dele, até que seu senhor tornou a casa. Então, lhe falou, segundo as mesmas palavras, e disse: O servo hebreu, que nos trouxeste, veio ter comigo para insultar-me; quando, porém, levantei a voz e gritei, ele, deixando as vestes ao meu lado, fugiu para fora" (GÊNESIS 39:1-18).

A Peregrina

Enquanto caminhavam juntos, o guia perguntou ao ancião se ele conhecera um homem chamado Receoso que morava em sua cidade e partira em peregrinação.

HONESTO: Sim, conheci-o bem. Esse homem era, em si próprio, a raiz do problema, porém foi um dos peregrinos mais enfadonhos que conheci na vida.

GRANDE CORAÇÃO: Percebo que você o conheceu, por ter descrito corretamente como ele era.

HONESTO: Sim, eu o conheci! Fui um grande companheiro dele. Estávamos juntos quando ele começou a pensar no que nos aconteceria no porvir.

GRANDE CORAÇÃO: Eu fui seu guia desde a casa de Intérprete até as portas da Cidade Celestial.

HONESTO: Então você sabe que ele era um homem tedioso.

GRANDE CORAÇÃO: Sabia, mas consegui aturá-lo muito bem, pois quem tem o mesmo chamado que eu é muitas vezes incumbido de conduzir pessoas semelhantes a ele.

HONESTO: Conte-nos algo sobre ele, como se comportou enquanto você o conduzia.

GRANDE CORAÇÃO: Ele vivia com medo de não chegar aonde desejava. Tudo o que ouvia dizer o apavorava, mesmo que estivesse longe da verdade. Dizem que gritou de medo por mais de um mês no Pântano do Desânimo; não se atreveu a atravessá-lo por mais que tivesse visto a atitude corajosa de outras pessoas, que chegaram até a oferecer-lhe ajuda. Também não queria voltar. Dizia que morreria se não chegasse à Cidade Celestial, porém desanimava diante de cada dificuldade e tropeçava em cada pedrinha que lançassem em seu no caminho. Bom, depois de ter permanecido deitado por muito tempo diante do Pântano do Desânimo, conforme lhe contei, em uma manhã ensolarada, ele se arriscou, não sei como, e

JOHN BUNYAN

Receoso

150

A Peregrina

conseguiu atravessá-lo. Porém, ao chegar ao outro lado, o homem mal acreditou. Penso que tinha o Pântano do Desânimo gravado na mente, um pântano que carregava consigo o tempo todo, caso contrário não seria o que era. Desse modo, chegou à porta que, você sabe à qual me refiro, fica na entrada deste caminho; e lá ficou por um bom tempo antes de arriscar-se a bater. Quando a porta era aberta, ele recuava e cedia seu lugar para outras pessoas, dizendo que não era digno. Por mais que tenha conseguido chegar à porta antes de alguns, muitos outros entraram antes dele. Lá ficou o pobre homem tremendo e encolhendo-se; atrevo-me a dizer que dava pena olhar para ele. Não entrava nem queria retroceder. Por fim, pegou o martelo pendurado na porta e bateu levemente uma ou duas vezes. Abriram-lhe a porta, mas ele voltou a encolher-se de medo. Então o porteiro saiu ao seu encontro e disse: "Você que está aí tremendo, o que deseja?". Ao ouvir essas palavras, caiu ao chão. O porteiro, espantado ao vê-lo tão sem forças, disse-lhe: "Paz seja com você! Levante-se e entre por este portão que lhe abri, porque você é abençoado". Ele levantou-se e entrou tremendo, mas teve vergonha de mostrar o rosto.

Bom, depois de ter sido tão bem tratado ali, conforme o senhor sabe, pediram que continuasse a viagem e informaram o caminho que deveria seguir. Então chegou à nossa casa, e se comportou à porta do meu Mestre, Intérprete, da mesma maneira que se comportou diante do portão. Ficou do lado de fora, no frio, por um bom tempo até arriscar-se a bater; mas, ao mesmo tempo, não queria voltar. E, naquela época, as noites eram longas e frias. Contudo, ele levava no peito uma carta urgente ao meu Mestre, pedindo que o recebesse e o acolhesse em Sua casa; e também que lhe oferecesse um guia robusto e valente, porque era um homem muito medroso. E foi o medo que o paralisou diante do portão, e ele ficou andando de um lado para o outro, pobre homem, até quase morrer de fome. Tão grande era seu abatimento que, apesar de ver outros baterem e entrarem, teve medo de se arriscar.

Finalmente, lembro que olhei pela janela e vi um homem andando a esmo diante do portão. Saí e perguntei-lhe quem era, mas, pobre homem, havia lágrimas em seus olhos, portanto entendi o que ele queria. Entrei e anunciei sua chegada a todos da casa e fomos contar ao nosso Senhor. Ele pediu que eu o convidasse a entrar, o que me deu muito trabalho. Por fim entrou e digo que o meu Senhor o tratou com muito carinho. Havia vários petiscos à mesa, e alguns foram colocados diante dele. Então ele apresentou a carta. O meu Senhor leu-a e disse que seu desejo lhe seria concedido. Depois de algum tempo, ele pareceu um pouco mais animado e confortável. O meu Mestre, como o senhor deve saber, é muito carinhoso, principalmente com os medrosos, por isso dirigiu-se a ele de tal maneira que lhe transmitiu encorajamento. Quando já havia visto as coisas que havia na casa e estava pronto para retomar a viagem, o meu Senhor, da mesma forma que fez com Cristão, deu-lhe uma garrafa de vinho e algumas coisas apetitosas para comer. Começamos a caminhada, eu adiante dele. O homem, porém, era de poucas palavras, apenas suspirava alto.

Quando chegamos ao lugar onde estão aqueles três homens enforcados, ele disse que talvez seu fim fosse o mesmo. Somente se alegrou quando viu a cruz e o sepulcro. Confesso que desejou permanecer ali para contemplar a cruz e o sepulcro e depois pareceu um pouco mais animado. Quando chegamos ao Desfiladeiro da Dificuldade, não perdeu a coragem, nem teve muito medo dos leões. O senhor deve saber que seu problema não era com essas coisas, mas com o receio de não ser aceito no fim da jornada.

A Peregrina

Levei-o ao Palácio Belo, talvez antes do que ele pretendia; e quando entrou, apresentei-o às donzelas da casa, mas ficou envergonhado na presença delas. Queria ficar sozinho; no entanto, sempre gostou de uma boa conversa e tinha o costume de ouvir atrás da porta. Agradava-lhe também ver coisas antigas e meditar nelas. Contou-me mais tarde que foi muito prazeroso estar nas duas outras casas, isto é, no portão e na casa de Intérprete, mas não ousou pedir nada.

Saímos do Palácio Belo e descemos a encosta até o Vale da Humilhação. Nunca vi ninguém descer com tanta facilidade, porque não lhe importava o quanto tinha sido mal no passado, desde que por fim alcançasse a felicidade. Sim, penso que houve uma espécie de afinidade entre ele e aquele vale, pois, durante toda a sua peregrinação, foi naquele vale que a alegria tomou conta dele como nunca havia ocorrido antes.

Ali, ele se deitava, abraçava o chão e beijava todas as flores que cresciam no vale.[18] Levantava-se todos os dias ao amanhecer, examinando tudo e andando de um lado para o outro no vale.

Quando, porém, chegamos à entrada do Vale da Sombra da Morte, imaginei que o perderia, não porque tivesse qualquer inclinação a retroceder, o que ele sempre abominava, mas por estar pronto a morrer de medo. "Ó, os demônios vão me pegar, os demônios vão me pegar!", gritava, e não consegui segurá-lo. Fez tanto barulho e gritou tanto aqui que, se os inimigos ouvissem, seriam encorajados a nos atacar.

Um detalhe, contudo, chamou-me a atenção: o vale nunca estivera tão tranquilo como enquanto ele o atravessava. Suponho que

---

[18] "Bom é para o homem suportar o jugo na sua mocidade. Assente-se solitário e fique em silêncio; porquanto *esse jugo* Deus pôs sobre ele; ponha a boca no pó; talvez ainda haja esperança" (LAMENTAÇÕES 3:27-29).

os inimigos foram reprimidos pelo Senhor e receberam uma ordem especial de não se intrometer até que Receoso atravessasse o vale.

Seria maçante contar-lhe tudo, portanto mencionarei apenas uma ou duas circunstâncias. Quando chegou à Feira das Vaidades, ele queria lutar com todos os homens da feira. Receei que nos derrotassem totalmente diante da ira que ele manifestava diante daquelas loucuras. Na Terra Encantada também se mostrou muito atento. Mas ao chegar ao rio que não tinha ponte, o abatimento voltou. Disse que morreria afogado e que jamais veria aquele rosto que lhe custara tão longa distância percorrida.

Ali, notei também algo extraordinário: o rio estava tão raso como eu nunca o tinha visto antes, de modo que ele não teve nenhuma dificuldade para atravessá-lo. Ao vê-lo subir em direção ao portão, comecei a despedir-me e desejei-lhe uma feliz acolhida. "Terei sim, terei sim", ele disse. Separamo-nos e nunca mais o vi.

HONESTO: Parece, então, que, no final, tudo deu certo para ele.

GRANDE CORAÇÃO: Sim, sim. Não tenho dúvida. Ele era um homem de excelente índole, só que estava sempre abatido, o que tornou sua vida pesada demais para ele próprio e enfadonho para os outros.[19] Era, acima de tudo, muito zeloso; temia tanto prejudicar

---

19 Ó Senhor, Deus da minha salvação, dia *e* noite clamo diante de ti. Chegue à tua presença a minha oração, inclina os ouvidos ao meu clamor. Pois a minha alma está farta de males, e a minha vida já se abeira da morte. Sou contado com os que baixam à cova; sou como um homem *sem* força, atirado entre os mortos; como os feridos de morte que jazem na sepultura, dos quais já não te lembras; são desamparados de tuas mãos. Puseste-me na mais profunda cova, nos lugares tenebrosos, nos abismos. Sobre mim pesa a tua ira; tu *me* abates com todas as tuas ondas. Apartaste de mim os meus conhecidos e me fizeste objeto de abominação para com eles; *estou* preso e não vejo como sair. Os meus olhos desfalecem de aflição; dia após dia, venho clamando a ti, Senhor, e te levanto as minhas mãos. Mostrarás tu prodígios

os outros, que costumava privar-se do que era lícito para que não viessem a tropeçar.[20]

HONESTO: Mas por que motivo um homem tão bom viveu tanto tempo nas trevas?

GRANDE CORAÇÃO: Por dois motivos: primeiro, o Deus que tudo sabe assim o quis; alguns tocam flauta, outros lamentam:

> *Mas a quem hei de comparar esta geração? É semelhante a meninos que, sentados nas praças, gritam aos companheiros: Nós vos tocamos flauta, e não dançastes; entoamos lamentações, e não pranteastes. Pois veio João, que não comia nem bebia, e dizem: Tem demônio!*[21]

Podemos dizer que o temperamento de Receoso era semelhante a instrumentos de sons graves. Ele e seus companheiros faziam

---

aos mortos ou os finados se levantarão *para* te louvar? Será referida a tua bondade na sepultura? A tua fidelidade, nos abismos? Acaso, nas trevas se manifestam as tuas maravilhas? E a tua justiça, na terra do esquecimento? Mas eu, Senhor, clamo a ti por socorro, e antemanhã já se antecipa diante de ti a minha oração. *Por que* rejeitas, Senhor, a minha alma e ocultas de mim o rosto? *Ando* aflito e prestes a expirar *desde* moço; *sob* o peso dos teus terrores, estou desorientado. Por sobre mim passaram as tuas iras, os teus terrores deram cabo de mim. Eles me rodeiam como água, de contínuo; a um tempo me circundam. Para longe de mim afastaste amigo e companheiro; os meus conhecidos são trevas (SALMO 88).

20 "É bom não comer carne, nem beber vinho, nem fazer *qualquer outra coisa* com que teu irmão venha a tropeçar [ou se ofender ou se enfraquecer]" (ROMANOS 14.21).

"E, por isso, se a comida serve de escândalo a meu irmão, nunca mais comerei carne, para que não venha a escandalizá-lo" (1 CORÍNTIOS 8:13).

21 Mateus 11:16-18

lembrar uma sacabuxa,[22] cujas notas são mais melancólicas que as notas de outros instrumentos, embora digam que o som grave é o fundamento da música. De minha parte, não me interesso nem um pouco por uma religião que não se baseie em espírito quebrantado. Quanto afina o instrumento, a primeira corda que o músico toca é a de som mais grave. Deus também tange essa primeira corda quando afina a alma para Si. Neste caso, o único defeito de Receoso era não conseguir tocar outra música até estar perto de seu objetivo final.

Atrevo-me a falar no sentido metafórico para desenvolver o espírito dos jovens leitores; e porque, no livro de Apocalipse, os salvos são comparados a um grupo de músicos que, tocando trombetas e harpas, cantam diante do trono:[23]

> *Então, vi os sete anjos que se acham em pé diante de Deus, e lhes foram dadas sete trombetas.*
> *Ouvi uma voz do céu como voz de muitas águas, como voz de grande trovão; também a voz que ouvi era como de harpistas quando tangem a sua harpa. Entoavam novo cântico diante do trono, diante dos quatro seres viventes e dos anciãos. E ninguém pôde aprender o cântico, senão os cento e quarenta e quatro mil que foram comprados da terra.*

HONESTO: Pelo relato que você me fez, entendo que ele era muito zeloso. O Desfiladeiro da Dificuldade, leões, ou a Feira das Vaidades — de nada disso teve medo; apenas o pecado, a morte

---

22 N.T.: Antigo instrumento de sopro que precedeu o trombone de vara.

23 Apocalipse 8:2; 14:2,3. Aqui, Bunyan traz uma mensagem de forma direta aos seus leitores. Não se trata mais de Grande Coração, nem do narrador.

e o inferno o enchiam de terror, porque tinha algumas dúvidas a respeito de ser digno de entrar na Cidade Celestial.

GRANDE CORAÇÃO: O senhor tem razão. Eram essas as coisas que o incomodavam e, como foi bem observado, surgiram da fraqueza de sua mente, não da fraqueza de espírito em relação à parte prática da vida de peregrino. Creio que, como diz o provérbio, ele era capaz de pegar uma brasa, se estivesse em seu caminho, mas ninguém conseguia tirar com facilidade o medo que o oprimia.

CRISTÃ: A história de Receoso me foi muito útil. Pensava que ninguém era igual a mim, mas entendo que há uma semelhança entre aquele bom homem e eu, com apenas duas diferenças: suas aflições eram tão grandes que foram expostas, mas as minhas, eu as escondi. As suas aflições pesaram tanto sobre ele, que o impediam de bater na porta das casas preparadas para acolhimento, ao passo que as minhas me forçavam a bater com mais força.

MISERICÓRDIA: Falando de coração, devo dizer que existe uma semelhança entre ele e eu, porque sempre tive mais medo do lago de fogo e de perder um lugar no Paraíso do que de perder outras coisas. Ah, eu pensava, quem dera tivesse a felicidade de possuir uma morada lá, mesmo tendo de abrir mão de tudo neste mundo para consegui-la!

MATEUS: O medo era a única coisa que ainda me fazia pensar que estava muito longe de possuir em meu interior tudo aquilo que acompanha a salvação. Mas se tudo isso aconteceu com um homem bom como aquele, por que não haverá de acontecer comigo também?

TIAGO: Sem temor não se alcança graça. Se é certo que nem sempre há graça onde existe temor do inferno, é certo que nunca existe graça onde não há temor de Deus.

GRANDE CORAÇÃO: Sábias palavras, Tiago. Você se expressou corretamente. "O temor do SENHOR é o princípio da sabedoria".[24] E certamente aqueles que não possuem o princípio não possuem o meio nem o fim. Contudo encerraremos aqui nossa narrativa a respeito de Receoso depois de lhe enviarmos estas palavras de despedida:

> Amigo Receoso, você teve pavor
> Do seu Deus, do seu Senhor.
> Ao andar por aqui nada fez,
> Para não se trair nem uma vez.
> Do lago de fogo também teve medo;
> Outros também tiveram, não é segredo!
> Quanto àqueles que desejam seu espírito
> Não encontrarão em si qualquer mérito.

Vi agora no sonho que continuaram a conversar. Depois que Grande Coração terminou de falar a respeito de Receoso, Honesto passou a contar-lhes a história de outro homem, cujo nome era Recalcitrante.

HONESTO: Ele fingia ser peregrino, mas concluí que nunca chegou ao ponto culminante do caminho.

GRANDE CORAÇÃO: O senhor mencionou isso a ele?

HONESTO: Sim, várias vezes, porém sempre foi egoísta, teimoso. Não se preocupava com ninguém e não mudava de ideia, fosse qual fosse o argumento ou exemplo. Fazia o que queria e ponto final.

GRANDE CORAÇÃO: Quais eram então seus princípios? O senhor deve saber.

HONESTO: Dizia que as pessoas poderiam imitar os erros e as virtudes dos peregrinos. Se ele agisse dessa forma, certamente seria salvo.

---

24 Provérbios 9:10

A Peregrina

Recalcitrante

GRANDE CORAÇÃO: Como? Se ele tivesse dito que os peregrinos mais consagrados e virtuosos também cometem faltas graves, não poderíamos contradizê-lo. Pois, na verdade, não estamos absolutamente isentos de pecar, mas recebemos a ordem de vigiar e lutar contra o pecado. Porém, percebo que esse não era o ponto. Se entendi corretamente, ele considerava que é permitido pecar.

HONESTO: Exatamente. Assim pensava e assim praticava.

GRANDE CORAÇÃO: Mas em que ele se baseava para dizer isso?

HONESTO: Ora, dizia que se baseava nas Escrituras.

GRANDE CORAÇÃO: Como assim? Forneça-nos mais detalhes.

HONESTO: Com prazer. Dizia que cobiçar a mulher do próximo foi um ato praticado por Davi, o amado de Deus, portanto poderia fazer o mesmo. Se Salomão foi polígamo, ele também podia possuir várias mulheres. Se Sara e as parteiras hebreias do Egito mentiram, e a mentira salvou Raabe, ele podia mentir também. Se os discípulos, por ordem do Mestre, tomaram o jumentinho de seu dono, ele podia fazer o mesmo. Se Jacó recebeu a herança de seu pai usando de artifício e simulação, ele podia agir da mesma forma.

GRANDE CORAÇÃO: Um verdadeiro impostor! O senhor tem certeza de que suas opiniões eram essas?

HONESTO: Ele as defendia, usando as Escrituras e outros argumentos.

GRANDE CORAÇÃO: São opiniões sem fundamento algum, que não se admitem por nada neste mundo.

HONESTO: Vou explicar melhor. Ele não dizia que qualquer um pode fazer isso, mas quem possui as virtudes dos que deram maus exemplos pode fazer o mesmo.

GRANDE CORAÇÃO: Não existe conclusão mais falsa. É o mesmo que dizer que, pelo fato de homens piedosos terem pecado por fraqueza, ele supostamente podia pecar também. Ou se uma criança cair na lama por ter sido empurrada por uma rajada de vento ou por ter tropeçado em uma pedra, ele pode então atirar-se em um lamaçal e chafurdar-se ali como um porco. Quem poderia imaginar que o poder da concupiscência pode cegar alguém a tal ponto? Mas estas palavras são verdadeiras:

> Pedras de tropeço e rocha de ofensa. São estes os que tropeçam na palavra, sendo desobedientes, para o que também foram postos.[25]

A suposição de que aqueles que se entregam de propósito aos pecados cometidos por alguns homens piedosos podem possuir também as suas virtudes é um engano tão grande quanto o outro. Seria o mesmo que um cão dizer: "Tenho, ou posso ter, as qualidades de uma criança, porque posso lamber seus fétidos excrementos". Se alguém se alimenta do pecado do povo de Deus,[26] não significa que possui suas virtudes.

Também não creio que alguém com essas ideias tenha fé em Deus ou sinta amor por Ele. Mas sei que o senhor as refutou com firmeza. O que ele disse para se defender?

HONESTO: Repito suas palavras: "Fazer isso com base em minha crença, apesar de haver opiniões contrárias, parece-me muito mais sincero".

GRANDE CORAÇÃO: Que resposta repulsiva! Embora seja errado dar liberdade às concupiscências da carne quando nós mesmos as reprovamos, o fato de pecar e tolerar o pecado é pior ainda. Um faz a pessoa tropeçar acidentalmente; o outro a conduz à armadilha.

---

25 1 Pedro 2:8.

26 "Alimentaram-se do pecado do meu povo e da maldade dele têm desejo ardente" (OSEIAS 4:8).

HONESTO: Há muitos que pensam como aquele homem, mas que não se manifestam. É por isso que a peregrinação é tão desacreditada.

GRANDE CORAÇÃO: Infelizmente é verdade. Um fato lamentável! Mas aquele que teme o Rei do paraíso não permanece no meio deles.

CRISTÃ: Há opiniões surpreendentes no mundo. Conheci alguém que disse: "Quando chegar a hora da morte, haverá tempo para arrependimento".

GRANDE CORAÇÃO: Tais pessoas são insensatas. Seria considerado relutante o homem que tivesse uma semana para correr 30 quilômetros a fim de salvar sua vida, e deixasse a corrida para a última hora daquela semana.

HONESTO: Correto. No entanto, parece que muitos que afirmam ser peregrinos agem dessa maneira. Sou velho, como você pode ver. Sigo este caminho há muito tempo e já vi muitas coisas. Vi alguns começarem com tanta disposição que nada neste mundo poderia detê-los; no entanto, depois de poucos dias, morreram como os que estavam no deserto, sem ver jamais a Terra Prometida. Vi alguns que não pareciam promissores ao iniciar a jornada como peregrinos, que parecia que não durariam um dia, mas, no final, provaram ser bons peregrinos. Vi outros que começaram a correr apressadamente e, depois de pouco tempo, correram de volta para seu local de partida na mesma velocidade. Vi alguns que, no início, falaram muito bem da vida dos peregrinos. E, logo depois, falaram muito mal dela. Ouvi dizer que alguns, quando se dispuseram a caminhar em direção ao Paraíso, afirmaram que tal lugar existia. Mas que, quando estavam quase chegando lá, voltaram, dizendo que o Paraíso não existe. Ouvi dizer que outros se vangloriaram do que fariam, caso encontrassem oposição. No entanto, até mesmo diante de um alarme falso, bateram em retirada, deixando para trás a fé, o caminho do peregrino e outras coisas.

Enquanto percorriam o caminho, alguém foi ao encontro deles e disse: "Senhores, e todos os que são fracos, se amam a própria vida, fujam, porque há ladrões em seu caminho".

GRANDE CORAÇÃO: Talvez sejam os três que atacaram Pouca-Fé. Estamos prontos para enfrentá-los.

O grupo continuou a seguir em frente, olhando para todos os lados para precaver-se dos bandidos. Mas ninguém sabe se os ladrões ouviram falar de Grande Coração ou se estavam distraídos com outras coisas. O fato é que não apareceram diante dos peregrinos.

JOHN BUNYAN

Gaio

CAPÍTULO 7
Na casa de Gaio

Cristã manifestou o desejo de encontrar um local de descanso para ela e os filhos, porque estavam exaustos.

HONESTO: Conheço uma hospedaria um pouco adiante de nós, onde mora um discípulo muito respeitado, cujo nome é Gaio.[1]

Todos concordaram em dirigir-se para lá em razão das boas referências apresentadas pelo ancião. Ao chegar, entraram sem bater, pois não é costume bater à porta de uma hospedaria. Pediram para falar com o proprietário e, quando ele apareceu, perguntaram se poderiam pousar ali naquela noite.

GAIO: Sim, contanto que estejam dizendo a verdade, porque minha casa só abriga peregrinos.

Cristã, Misericórdia e os meninos alegraram-se ao ver que o dono da hospedaria gostava dos peregrinos. Solicitaram quartos. Foi oferecido um para acomodar Cristã e seus filhos; outro, para Misericórdia e um terceiro, para Grande Coração e o ancião Honesto.

GRANDE CORAÇÃO: Bom amigo Gaio, há alguma coisa para estes peregrinos jantarem? A jornada de hoje foi longa, e estão muito cansados.

GAIO: Já é tarde, e não temos condições de buscar comida, mas o que temos está à disposição de vocês, se aceitarem.

GRANDE CORAÇÃO: Aceitaremos o que tiverem em casa, porque está comprovado que nunca lhes falta o necessário.

Gaio desceu e foi falar com o cozinheiro, cujo nome era Prova-do que-É-Bom, pedindo que aprontasse a ceia para um bom número de peregrinos.

GAIO (dirigindo-se aos peregrinos): Venham, meus bons amigos. Sejam bem-vindos! Estou feliz por abrigá-los em minha casa! Se quiserem, podemos conversar um pouco enquanto a ceia está sendo preparada.

PEREGRINOS (a uma só voz): Concordamos.

GAIO: De quem esta senhora é esposa? E de quem esta donzela é filha?

GRANDE CORAÇÃO: Esta mulher é esposa de Cristão, que foi peregrino, e estes são os filhos dele. A donzela é conhecida da família, e foi convencida a acompanhá-la. Os rapazes querem

---

1 "Saúda-vos Gaio, meu hospedeiro e de toda a igreja. Saúda-vos Erasto, tesoureiro da cidade, e o irmão Quarto" (ROMANOS 16:23).

A Peregrina

Prova-do-que-É-Bom

seguir o exemplo do pai, seguir o mesmo caminho que ele percorreu. Quando veem um lugar onde o pai descansou ou descobrem uma de suas pegadas, sentem grande alegria no coração e desejam repousar ou pisar no mesmo local.

GAIO (dirigindo-se a Cristã): Então quem está aqui é a esposa de Cristão? E estes são filhos dele? Conheci o pai e o avô de seu marido. É uma família muito honrada; seus antepassados moravam em Antioquia.[2] O pai e o avô de Cristão (suponho que seu marido tenha falado deles) eram pessoas muito dignas. Nunca conheci homens com tantas virtudes e coragem para lutar pelo Senhor dos peregrinos, por Seus caminhos e por aqueles que O amavam. Ouvi falar que muitos parentes de seu marido suportaram todos os tipos de provações por amor à verdade. Estêvão, um dos primeiros da geração de seu marido, foi apedrejado.[3] Tiago, outro da mesma família, foi morto a fio de espada.[4]

Isso sem falar em Paulo e Pedro, antepassados da família de seu marido; Inácio, que foi atirado aos leões; Romano, cuja carne foi despedaçada aos poucos de seus ossos; e Policarpo, que enfrentou o fogo com hombridade. Houve um que foi dependurado em um cesto diretamente sob o Sol para ser comido pelas vespas; e outro que foi colocado em um saco e atirado ao mar, para morrer afogado. Seria impossível enumerar todos daquela família que sofreram injúrias e morte por amar a vida de peregrino. Também me alegro muito

---

2 "Tendo-o encontrado, levou-o para Antioquia. E, por todo um ano, se reuniram naquela igreja e ensinaram numerosa multidão. Em Antioquia, foram os discípulos, pela primeira vez, chamados cristãos" (ATOS 11:26).

3 "E apedrejavam Estêvão, que invocava e dizia: Senhor Jesus, recebe o meu espírito! Então, ajoelhando-se, clamou em alta voz: Senhor, não lhes imputes este pecado! Com estas palavras, adormeceu" (ATOS 7:59,60).

4 "Fazendo passar a fio de espada a Tiago, irmão de João" (ATOS 12:2).

por ver que seu marido deixou quatro meninos como estes. Espero que honrem o nome dele, sigam suas pegadas e cheguem ao lugar onde ele chegou.

GRANDE CORAÇÃO: Sim, são rapazes de grande potencial. Pareceram sinceros quando escolheram seguir os passos do pai.

GAIO: Foi o que eu disse. A família de Cristão tem muitas probabilidades de ser numerosa e espalhar-se pela face da Terra. Cristã deve procurar donzelas para serem esposas de seus filhos, a fim de que o nome de seu pai e a casa de seus antepassados jamais seja esquecida no mundo.

HONESTO: Seria uma lástima se esta família fraquejasse ou fosse extinta.

GAIO: Não digo fraquejar, mas diminuir. Que Cristã siga o meu conselho, pois é assim que a família se sustentará. (Dirigindo-se a Cristã): Alegro-me por vê-la e também por ter trazido Misericórdia. As duas formam uma dupla encantadora. E aceite meu conselho: aproxime-se mais de Misericórdia. Se ela consentir, entregue-a como esposa a Mateus, seu filho mais velho. Essa é a maneira de preservar a posteridade da família na Terra.

Misericórdia e Mateus concordaram e, no decorrer do tempo, se casaram. Mas falaremos disso mais adiante.

GAIO (prosseguindo): Agora falarei em defesa das mulheres, para livrá-las do opróbrio a que estão expostas. Porque, assim como a morte e a maldição vieram ao mundo por meio de uma mulher,[5] também por meio de uma mulher veio a vida e a saúde. "Deus enviou seu Filho, nascido de mulher".[6] Sim, para mostrar que as mulheres que vieram depois de Eva abominaram de tal forma

---

5 Gênesis 3:1-22

6 Gálatas 4:4

o ato da primeira mãe do mundo a ponto de desejar ardentemente ter filhos, na esperança de que uma delas fosse a mãe do Salvador do mundo. E repito: quando o Salvador chegou, as mulheres alegraram-se nele, antes mesmo dos homens e dos anjos.[7]

Não li em nenhum lugar que um homem tenha oferecido uma moeda a Cristo, por menor que fosse; mas as mulheres o seguiram e o sustentaram com suas posses. Foi uma mulher que lavou os pés de Cristo com lágrimas; e foi uma mulher que ungiu Seu corpo antecipadamente para o sepultamento. Foram as mulheres que choraram enquanto Ele caminhava em direção à cruz, que o seguiram após a crucificação e se sentaram junto ao túmulo onde Ele foi sepultado. E foram as mulheres que o viram, antes de todos, na manhã da ressurreição; e as primeiras que levaram a notícia aos discípulos de que Cristo havia ressuscitado.[8]

As mulheres, portanto, são extremamente favorecidas e mostram, por meio do que constatamos, que, ao nosso lado, compartilham a graça da vida.

Nesse instante, o cozinheiro mandou avisar que a ceia estava quase pronta e pediu a alguém que estendesse a toalha na mesa e nela colocasse os pratos, o sal e o pão.

MATEUS: Esta toalha e todos os preparativos para a ceia despertaram meu apetite como nunca em toda a minha vida.

---

7   Lucas 1:39-55
8   Lucas 7:37-50; 8:2,3; 23:27; 24:22,23; João 2:3; 11:2; Mateus 27:25-61

A Peregrina

GAIO: Que todas as doutrinas que lhe foram ministradas até hoje despertem em você um desejo maior de sentar-se à mesa para cear com o grande Rei em Seu reino. Todas as pregações, livros e ordenanças deste mundo não passam de toalhas estendidas na mesa, de pratos e sal para tempero quando comparados à festa que nosso Senhor nos preparará quando chegarmos à Sua casa.

Em seguida, a ceia chegou. Primeiramente, foram colocados sobre a mesa, diante deles, a coxa da oferta e o peito da oferta movida, para mostrar que, antes da refeição, precisavam orar e louvar a Deus.[9]

Com a coxa da oferta, Davi elevava seu coração a Deus; e com o peito da oferta movida, onde estava seu coração, com o qual se apoiava em sua harpa enquanto a tocava. Esses dois pratos eram revigorantes e de bom paladar, e todos saciaram a fome com eles.

Depois trouxeram-lhes uma garrafa de vinho, vermelho como sangue.

---

[9] "Também a coxa direita dareis ao sacerdote *por* oferta dos vossos sacrifícios pacíficos. Aquele dos filhos de Arão que oferecer o sangue do sacrifício pacífico e a gordura, esse terá a coxa direita por *sua* porção; porque o peito motivo e a coxa da oferta tomei dos filhos de Israel, dos seus sacrifícios pacíficos, e os dei a Arão, o sacerdote, e a seus filhos, por direito perpétuo dos filhos de Israel" (LEVÍTICO 7:32-34).

"Também o peito da oferta movida e a coxa da oferta comereis em lugar limpo, tu, e teus filhos, e tuas filhas, porque foram dados por tua porção e por porção de teus filhos, dos sacrifícios pacíficos dos filhos de Israel. A coxa da oferta e o peito da oferta movida trarão com as ofertas queimadas de gordura, *para* mover por oferta movida perante o SENHOR, o que será por estatuto perpétuo, para ti e para teus filhos, como o SENHOR tem ordenado" (LEVÍTICO 10:14,15).

"A ti, SENHOR, elevo a minha alma" (SALMO 25:1).

"Por meio de Jesus, pois, ofereçamos a Deus, sempre, sacrifício de louvor, que é o fruto de lábios que confessam o seu nome" (HEBREUS 13:15).

GAIO: Bebam à vontade; este é suco da videira verdadeira, e alegra o coração de Deus e do homem.[10]

Todos beberam e se alegraram. A seguir foi trazida uma sopa de leite engrossada com migalhas de pão.

GAIO: Deixem este prato para os rapazes. Eles precisam crescer e se fortalecer.[11]

Depois trouxeram-lhes um prato composto de manteiga e mel.

GAIO: Comam à vontade, porque este prato é bom para animar e fortalecer seus julgamentos e entendimentos. É disso que o nosso Senhor se alimentava na infância.[12] Logo depois trouxeram-lhes um prato de um fruto apetitoso e saboroso.

MATEUS: Podemos comer desse fruto, uma vez que foi com ele que a serpente enganou Eva?

GAIO (respondendo em forma de versos):

> *Um fruto, um só fruto, nos enganou,*
> *E o pecado, não o fruto, nos maculou.*
> *O fruto proibido o sangue contamina,*

---

10 "Coalhada de vacas e leite de ovelhas, com a gordura dos cordeiros, dos carneiros que pastam em Basã e dos bodes, com o mais escolhido trigo; e bebeste o sangue das uvas, o mosto" (DEUTERONÔMIO 32:14).

"Porém a videira lhes respondeu: Deixaria eu o meu vinho, que agrada a Deus e aos homens, e iria pairar sobre as árvores?" (JUÍZES 9:13).

"Eu sou a videira verdadeira, e meu Pai é o agricultor" (JOÃO 15:1).

11 "Despojando-vos, portanto, de toda maldade e dolo, de hipocrisias e invejas e de toda a sorte de maledicências, desejai ardentemente, como crianças recém-nascidas, o genuíno leite espiritual, para que, por ele, vos seja dado crescimento para salvação" (1 PEDRO 2:1,2).

12 "Ele comerá manteiga e mel quando souber desprezar o mal e escolher o bem" (ISAÍAS 7:15).

A Peregrina

Mas, se permitido, a alma ilumina.
Beba o suco sem titubear, Igreja do Senhor,
Comam o fruto os que padecem de amor.

MATEUS: Hesitei diante do fruto porque, pouco tempo atrás, adoeci por tê-lo comido.

GAIO: O fruto proibido lhe fará mal, mas o que o Senhor permite, não.

Enquanto conversavam, foi-lhes apresentado outro prato, desta vez de nozes.[13]

Um dos peregrinos disse: As nozes prejudicam os dentes, principalmente os das crianças.

GAIO (novamente respondendo em forma de versos):

Textos difíceis são como nozes (não como enganadores);
Por baixo da casca escondem deliciosos sabores.
Quebre a casca e prove a deliciosa semente,
Antes oculta, agora apreciada abertamente.

Com muita alegria, todos continuaram sentados à mesa por muito tempo, conversando sobre vários assuntos.

HONESTO (dirigindo-se a Gaio): Meu bom hospedeiro, enquanto estamos quebrando a casca destas nozes, decifre este enigma, por favor:

Conheci um homem louco, ou assim se imaginava,
Quanto mais repartia, mais rico se tornava.

---

[13] "Desci ao jardim das nogueiras, para mirar os renovos do vale, para ver se brotavam as vides, se floresciam as romeiras" (CÂNTICO DOS CÂNTICOS 6:11).

Todos prestaram atenção, imaginando o que Gaio diria. Depois de pensar um pouco, esta foi a resposta:

> *Quem seus bens aos pobres dá*
> *Dez vezes mais receberá.*

JOSÉ: Não imaginei que o senhor soubesse a resposta.

GAIO: Ah, estou sendo treinado há muito tempo. Não há melhor mestre que a experiência. Aprendi com meu Senhor a ser bondoso e descobri, por experiência própria, que muito lucrei com isso. "Há quem espalha, porém enriquece; há quem retenha mais do que deve, e assim empobrece."[14]

SAMUEL (cochichando ao ouvido de Cristã): Mãe, esta casa pertence a um homem de bem. Vamos ficar aqui por um tempo e deixar que meu irmão Mateus se case com Misericórdia antes de prosseguirmos a viagem?

GAIO (por ter ouvido a pergunta): Boa ideia, meu rapaz!

Os peregrinos permaneceram na hospedaria por mais de um mês, e a mão de Misericórdia foi concedida a Mateus.

Nesse meio-tempo, Misericórdia, como era seu costume, continuou a fazer casacos e outras peças de roupas para dar aos pobres. Com isso, a boa fama dos peregrinos aumentou ainda mais.

Vamos, porém, retornar à nossa história. Após a ceia, os rapazes, cansados da viagem, manifestaram o desejo de repousar. Gaio mostrou-lhes onde ficava o quarto.

MISERICÓRDIA: Vou acomodá-los.

---

14 "A quem dá liberalmente, ainda se lhe acrescenta mais e mais; *ao que* retém mais do que é justo, *ser-lhe-á* em pura perda" (PROVÉRBIOS 11:24).

"Uns se dizem ricos sem *terem* nada; outros *se dizem* pobres, *sendo* mui ricos" (PROVÉRBIOS 13:7).

A Peregrina

Ela conduziu-os ao quarto e eles adormeceram, mas os outros permaneceram acordados a noite inteira, pois Gaio era uma companhia tão agradável, que ninguém queria se separar dele. Depois de muita conversa sobre o Senhor, sobre eles próprios e sobre a viagem, Honesto, que apresentara o enigma a Gaio, começou a cochilar sentado.

GRANDE CORAÇÃO: O que foi? O senhor está com sono! Vamos, anime-se! Tenho um enigma para o senhor.

HONESTO: Diga qual é.

GRANDE CORAÇÃO (respondendo em forma de versos):

Quem deseja matar, a derrota deve conhecer;
Quem vida quer exibir, deve primeiro morrer.

HONESTO: Ah! Este é difícil. Difícil de explicar e mais difícil ainda de praticar. (Dirigindo-se a Gaio): Vamos, amigo, decifre o enigma em meu lugar. Quero ouvir o que tem a dizer.

GAIO: Não, o enigma foi apresentado ao senhor, e esperamos que o decifre.

HONESTO (respondendo em forma de versos):

Quem pela graça foi conquistado
Deve mortificar o pecado;
E quem disso me quiser convencer
Para si mesmo deverá morrer.

GAIO: Muito bem! É o que a boa doutrina e a experiência nos ensinam. Primeiro, porque enquanto a graça não se manifestar e vencer a alma com sua glória, não se consegue resistir ao pecado. Além disso, se o pecado é a corda de Satanás, com a qual ele prende a alma, até que ponto ela resistirá antes de ser libertada dessa fraqueza? Segundo, ninguém que conhece a razão ou a graça consegue acreditar que uma pessoa, escrava de suas corrupções, seja um monumento vivo da graça divina. Lembrei-me de uma história que vale a pena ser ouvida. Havia dois homens que seguiram em peregrinação. Um começou quando era jovem; o outro, depois de velho. O moço tinha de lutar contra as paixões mundanas; o ancião já estava enfraquecido em razão da idade. O moço caminhava com passos tão ligeiros quanto o ancião. Em qual dos dois resplandecia mais a graça, uma vez que ambos pareciam iguais?

HONESTO: No moço, sem dúvida. Pois aquele que enfrenta grande oposição dá melhor demonstração de que é o mais forte, principalmente quando acompanha o ritmo daquele que não tem sequer a metade dessa força, como certamente é o caso do ancião. Além do mais, tenho observado que os anciãos se protegem por trás de um erro, ou seja, pensam que a fraqueza decorrente da idade é uma graça conquistada sobre as corrupções e, assim, conseguem enganar a si mesmos. Na verdade, os anciãos que receberam a graça de Deus são mais aptos a dar conselhos aos mais jovens, porque viram grande parte das frivolidades da vida. No entanto, quando um ancião e um moço decidem caminhar juntos, o moço tem a vantagem de descobrir melhor a obra da graça dentro dele, embora as paixões mundanas do ancião sejam naturalmente mais fracas.

E, assim, continuaram a conversar até o amanhecer. Depois que o resto da família acordou, Cristã pediu ao filho Tiago que lesse um capítulo das Escrituras. Ele leu o capítulo 53 de Isaías.

A Peregrina

HONESTO (após a leitura): Por que se diz que o Salvador é como raiz de uma terra seca e que não havia nenhuma formosura nele?

GRANDE CORAÇÃO: Resposta à primeira pergunta: porque a igreja dos judeus, da qual Jesus descendia, havia perdido quase toda a vitalidade e espírito religioso. Respondendo à segunda, digo: as palavras são proferidas pelos incrédulos, que não conseguem enxergar o coração do nosso Príncipe, portanto julgam-no pela aparência exterior. São como aqueles que não sabem que as pedras preciosas são cobertas por uma crosta feia. São como aqueles que ao encontrar uma pedra preciosa desconhecem seu valor e a jogam fora, como se fosse uma pedra comum.

GAIO: Já que estão aqui, e como sei que Grande Coração é bom na arte de manejar suas armas, se acharem conveniente, vamos nos refrescar um pouco e depois dar um passeio no campo, para ver se podemos fazer algo útil. Aproximadamente 1500 metros da cerca há um gigante chamado Morte-ao-Bem que tem causado muitos problemas nesta região do caminho do Rei. E sei onde se refugia. É chefe de um bando de ladrões. Seria bom se livrássemos nossa região dele.

Todos concordaram e partiram: Grande Coração com sua espada, capacete e escudo; e o restante do grupo com lanças e bastões.

Ao chegar à caverna do gigante, encontraram-no imobilizando Mente-Fraca com as mãos. Mente-Fraca havia sido sequestrado no caminho e levado para lá pelos bandidos do gigante. Agora o gigante estava tirando tudo o que Mente-Fraca possuía, com o propósito de devorá-lo depois, pois se alimentava de carne humana.

Assim que viu Grande Coração e seus amigos empunhando armas na entrada da caverna, o gigante interpelou-os, perguntando o que queriam.

JOHN BUNYAN

GRANDE CORAÇÃO: Estamos à sua procura, porque viemos para vingar os muitos peregrinos que você matou depois de sequestrá-los no caminho do Rei. Saia dessa caverna!

O gigante armou-se e saiu. Depois de uma luta de mais de uma hora, pararam um pouco para recuperar o fôlego.

MORTE-AO-BEM: Por que você está aqui em meu território?

GRANDE CORAÇÃO: Para vingar o sangue dos peregrinos, como já lhe disse.

A luta foi reiniciada, e Grande Coração foi forçado a recuar, mas logo depois recuperou-se do golpe. E com sua costumeira valentia, golpeou com força a cabeça e os flancos do gigante, derrubando-lhe a arma. Aproveitando-se dessa vantagem, matou-o, decepou-lhe a cabeça e levou-a para a hospedaria.

Também tirou Mente-Fraca da caverna e o levou consigo para seu alojamento. Ao chegar em casa, mostraram a cabeça do gigante à família e depois a penduraram, como haviam feito outras vezes, para amedrontar àqueles que tentassem fazer o mesmo que o gigante.

Perguntaram a Mente-Fraca como havia caído nas mãos do gigante.

MENTE-FRACA: Vocês estão vendo que sou um homem doente e, como a morte bate à minha porta todos dias, achei que não devia ficar em casa. Decidi, portanto, dedicar-me à vida de peregrino. Venho da Cidade da Incerteza, onde meu pai também nasceu. Não tenho forças nem no corpo nem na mente; porém, se pudesse, apesar de só conseguir rastejar pelo caminho, viveria como peregrino. Quando cheguei à porta na entrada do caminho, o Senhor daquele lugar me tratou muito bem. Não fez objeção ao meu corpo fragilizado nem à minha mente fraca. Deu-me tudo o que era necessário para minha viagem e recomendou que mantivesse a esperança até o fim. Quando cheguei à casa de Intérprete, fui acolhido com muita bondade; e, por terem julgado que o Desfiladeiro da Dificuldade era penoso demais para mim, fui carregado por um de seus servos. Na verdade, tenho recebido grande ajuda dos peregrinos, apesar de nenhum querer andar tão devagar quanto eu. Ainda assim, quando me encontravam, desejavam-me bom ânimo e diziam que o Senhor se agradava quando consolavam os desanimados.[15] E seguiam o caminho no ritmo deles.

Ao chegar à Viela do Assalto, o gigante foi ao meu encontro e ordenou-me que me preparasse para uma luta; mas, ai de mim, por estar tão fraco necessitava mais de tônico que de luta. Quando ele me agarrou, imaginei que não me mataria. Também, quando me levou para dentro da caverna, apesar de tê-lo acompanhado de má vontade, achei que sairia vivo dali, porque ouvi falar que há uma lei da Providência que diz que nenhum peregrino cativo morrerá nas mãos do inimigo se todo o seu coração estiver voltado para o seu Senhor. Certamente fui roubado, mas, como vocês podem ver, escapei com vida, pelo que dou graças ao meu Rei, como autor de meu resgate, e a vocês, como instrumentos usados por Ele. Sei que encontrarei outras dificuldades, mas estou resolvido a correr quando puder; andar quando não puder correr; e rastejar quando não puder andar. Quanto ao essencial, estou decidido, graças Àquele que me ama: meu caminho está diante de mim e, apesar de ter a mente fraca, como vocês podem constatar, ela está além do rio que não possui ponte.

HONESTO: Você não conheceu, algum tempo atrás, um peregrino chamado Receoso?

MENTE-FRACA: Conheci, sim! Veio da Cidade da Estupidez, que fica bem distante, ao norte da Cidade da Destruição e muito mais distante da cidade onde nasci. Conheci-o muito bem, porque

---

15 "Exortamo-vos, também, irmãos, a que admoesteis os insubmissos, consoleis os desanimados, ampareis os fracos e sejais longânimos para com *todos*" (1 TESSALONICENSES 5:14).

ele era meu tio, irmão de meu pai. Tínhamos mais ou menos a mesma índole. Embora ele fosse um pouco mais baixo que eu, éramos muito parecidos fisicamente.

HONESTO: Logo vi que o conhecia, e percebi que vocês eram parentes pela palidez de seu rosto. Tem um jeito de olhar parecido com o dele e ambos falam de forma semelhante.

MENTE-FRACA: Quase todos os que nos veem dizem o mesmo. Além disso, encontro muitas características dele em mim.

GAIO: Vamos, tenha bom ânimo, amigo! Seja bem-vindo. Minha casa está à sua disposição, e pode pedir o que quiser. Meus servos estão também ao seu dispor, e farão tudo de bom grado.

MENTE-FRACA: Esse é um favor tão inesperado quanto o brilho do sol vindo detrás de uma nuvem muito escura. Acaso o gigante Morte-ao-Bem me desejaria esse favor quando me aprisionou e não me deixou prosseguir? Pretenderia que, depois de esvaziar-me os bolsos, eu seria hospedado na casa de Gaio? No entanto, foi o que aconteceu.

Enquanto Mente-Fraca e Gaio conversavam, alguém chegou correndo e chamou à porta, dizendo que um peregrino chamado Equivocado havia sido morto por um raio a uma distância de mais ou menos 2,5 quilômetros.

MENTE-FRACA: Que desgraça! Ele morreu! Esse homem me alcançou alguns dias atrás, antes de eu chegar aqui, e queria acompanhar-me. Também estava comigo quando o gigante Morte-ao-Bem me aprisionou; mas, por ser ligeiro, ele fugiu. Parece que fugiu para morrer, e eu fui aprisionado para viver.

Dizem que quem procura matar sem razão
Livra muitas vezes de pior situação.
Aquela mesma Providência, cujo rosto é morte,

A Peregrina

Muitas vezes torna o humilde em forte.
Eu fui aprisionado, ele fugiu; e foi assim
Que o destino deu morte a ele, e vida para mim.

Nesse ínterim, Mateus e Misericórdia se casaram, e Gaio entregou sua filha Febe como esposa a Tiago, irmão de Mateus; depois disso, os visitantes permaneceram por mais de dez dias na casa de Gaio, dedicando esse tempo à sua rotina como peregrinos.

Antes da partida, Gaio ofereceu-lhes um banquete. Todos comeram, beberam e se alegraram. Na hora da despedida, Grande Coração pediu que lhe fosse apresentada a conta referente à estadia dos hóspedes. Gaio, porém, disse-lhe que não costumava cobrar dos peregrinos que ali se hospedavam. Acolhia-os durante o ano, e esperava ser pago pelo bom samaritano[16] que lhe prometeu voltar e saldar todas as despesas dos peregrinos.

Grande Coração dirigiu-se a Gaio com estas palavras:

Amado, procedes fielmente naquilo que praticas para com os irmãos, e isto fazes mesmo quando são estrangeiros, os quais, perante a igreja, deram testemunho do teu amor. Bem farás encaminhando-os em sua jornada por modo digno de Deus.[17]

Gaio despediu-se dos peregrinos, inclusive dos rapazes e, em especial, de Mente-Fraca, a quem entregou algo para beber no caminho.

Mente-Fraca, ao vê-los sair, deu a entender que gostaria de ficar.

---

16 "Certo samaritano, que seguia o seu caminho, passou-lhe perto e, vendo-o, compadeceu-se *dele*. E, chegando-*se*, pensou-lhes os ferimentos, aplicando-lhes óleo e vinho; e, colocando-o sobre o seu próprio animal, levou-o para uma hospedaria e tratou dele. No dia seguinte, tirou dois denários e *os* entregou ao hospedeiro, dizendo: Cuida deste homem, e, se alguma coisa gastares a mais, eu to indenizarei quando voltar" (LUCAS 10:33-35).

17 3 João 5,6

GRANDE CORAÇÃO: Venha conosco, Mente-Fraca. Eu serei seu guia e o tratarei como os demais.

MENTE-FRACA: Ai de mim! Necessito de alguém em condições semelhantes às minhas. Vocês são fortes e robustos, e eu, como podem ver, sou fraco. Prefiro ficar, porque não quero ser um fardo para vocês e para mim mesmo em razão de minha condição debilitada. Já lhes contei que sou um homem de mente fraca. Serei um estorvo e não conseguirei aguentar o que os outros aguentam. Não gosto de risadas. Não gosto de roupas vistosas. Não gosto de perguntas inúteis. Sou tão fraco que me entristeço ao ver o que os outros têm liberdade para fazer. Ainda não conheço toda a verdade. Sou um cristão muito ignorante. Às vezes, quando ouço alguém se alegrar no Senhor, aflijo-me por não poder fazer o mesmo. Sinto que sou um homem fraco entre os fortes, ou um enfermo entre pessoas sadias, ou uma tocha desprezível.[18] Não sei o que fazer.

GRANDE CORAÇÃO: Meu irmão, eu tenho a missão de confortar os temerosos e amparar os fracos. É importante que vá conosco. Caminharemos no ritmo de seus passos e o ajudaremos. Deixaremos de fazer algumas coisas porque o amamos. Não discutiremos assuntos práticos nem opinativos diante do senhor. Faremos tudo para ajudá-lo e não o deixaremos para trás.[19]

Tudo isso ocorreu enquanto estavam à porta da hospedaria de Gaio. E, quando estavam no calor da conversa, Claudicante chegou com as muletas na mão e disse que acompanharia os peregrinos.[20]

---

18 "Tocha desprezível *é*, na opinião do *que está* descansado, aquele que *está* pronto a tropeçar com os pés" (JÓ 12:5 ARC).

19 Romanos 14:1-23; 1 Coríntios 8:1-8

20 "Pois *estou* prestes a tropeçar; a minha dor *está* sempre perante mim" (SALMO 38:17).

A Peregrina

Mente-Fraca e Claudicante

MENTE-FRACA: Homem! Como conseguiu chegar até aqui? Eu estava me queixando de não ter um companheiro em condições semelhantes às minhas, mas você chegou na hora certa. Bem-vindo, bem-vindo, amigo Claudicante. Espero que ajudemos um ao outro na caminhada.

CLAUDICANTE: Alegro-me com sua companhia, amigo Mente-Fraca! Já que tivemos a felicidade de nos encontrar, eu lhe cederei uma de minhas muletas.

MENTE-FRACA: Não! Agradeço seu oferecimento, mas por enquanto não vou precisar. No entanto, pode ser que eu necessite dela em algumas ocasiões, talvez para defender-me de um cão.

CLAUDICANTE: Se eu ou minhas muletas lhe puderem ser úteis, estamos à sua disposição, amigo Mente-Fraca.

E, assim, prosseguiram a viagem. Grande Coração e Honesto adiante dos peregrinos, Cristã e os filhos logo atrás e, na retaguarda, Mente-Fraca e Claudicante com suas muletas.

HONESTO (dirigindo-se a Grande Coração): Agora que voltamos a caminhar juntos, conte-nos alguns fatos interessantes a respeito dos peregrinos que já percorreram este caminho.

GRANDE CORAÇÃO: Com prazer. Suponho que já ouviu falar do encontro de Cristão com Apolião no Vale da Humilhação; e também dos problemas que enfrentou para atravessar o Vale da Sombra da Morte. Também deve ser do seu conhecimento como Fiel se viu em apuros com Madame Sensualidade, com Primeiro Adão e com Descontente e Vergonha, quatro dos piores vilões que podemos encontrar no caminho.[21]

HONESTO: Sim, já ouvi falar disso tudo, mas a verdade é que o bondoso Fiel passou por um apuro maior com Vergonha, que não lhe deu trégua.

---

21 *O peregrino*, Publicações Pão Diário, 2020, pp. 136-137, 139, 141.

A Peregrina

GRANDE CORAÇÃO: É verdade. Pois, como disse esse peregrino, Vergonha era o nome que menos se adequava a ele.

HONESTO: Conte-nos, por favor, onde Cristão e Fiel conheceram Loquaz.[22] Esse também era um grande enganador.

GRANDE CORAÇÃO: Este era um tolo autoconfiante, mas muitos o acompanharam.

HONESTO: Por pouco não enganou Fiel.

GRANDE CORAÇÃO: Ah, sim, mas Cristão o fez enxergar o erro rapidamente.

Prosseguiram a viagem até chegar ao lugar onde Cristão e Fiel se encontraram com Evangelista, o qual contou-lhes antecipadamente o que enfrentariam na Feira das Vaidades.

GRANDE CORAÇÃO: Foi aqui mesmo que Cristão e Fiel se encontraram com Evangelista, e este predisse o que enfrentariam na Feira das Vaidades.[23]

HONESTO: Verdade? Deve ter sido muito difícil ouvir palavras tão duras.

GRANDE CORAÇÃO: Foi mesmo, porém ele lhes transmitiu ânimo também. Mas o que dizemos desses dois? Pareciam leões em forma de gente. Tinham determinação pétrea. Lembra-se do comportamento destemido deles diante do juiz?[24]

HONESTO: Fiel sofreu corajosamente.

GRANDE CORAÇÃO: Sim, e mais atos de coragem sucederam, porque, conforme dizem, Esperançoso e alguns outros se converteram por causa de sua morte.

---

22 Ibid, pp. 146-148.

23 Ibid, p. 161.

24 Ibid, pp. 172-178.

HONESTO: Gostaria que você nos contasse outras histórias, já que está tão bem informado a respeito desse assunto.

GRANDE CORAÇÃO: De todos os que Cristão conheceu depois de atravessar a Feira das Vaidades, Interesse-Próprio foi o mais patife.

HONESTO: Interesse-Próprio? Quem era?

GRANDE CORAÇÃO: Um trapaceiro e hipócrita, sem sombra de dúvida. Alguém que fingia ser religioso por onde andava, mas tão velhaco, que não tinha nada a perder nem sofria por isso. Tinha uma religiosidade para cada ocasião, e sua esposa era tão canalha quanto ele. Interesse-Próprio mudava sempre de opinião e justificava-se por agir assim. Até onde sei, ele tornou-se desinteressante por causa de seu interesse-próprio. Também nunca ouvi falar que seus filhos tenham sido respeitados por alguém que temesse verdadeiramente a Deus.

Enquanto conversavam, avistaram a Cidade da Vaidade, local da Feira das Vaidades. Quando viram que estavam ali tão perto, conversaram entre si para saber como deveriam atravessá-la. As opiniões divergiam.

GRANDE CORAÇÃO: Vocês sabem que já atravessei esta cidade como guia dos peregrinos. Conheço um homem chamado Mnasom,[25] um dos primeiros discípulos, natural de Chipre, em cuja casa podemos nos abrigar. Se todos concordarem, seguiremos para lá.

Honesto, Cristã e Mente-Fraca concordaram, bem como todos os outros. É bom lembrar que já estava anoitecendo quando chegaram perto da cidade, mas Grande Coração conhecia o caminho até a casa de Mnasom. Quando lá chegaram, chamaram à porta; o homem, já idoso, reconheceu a voz assim que a ouviu. Abriu a porta e todos entraram.

---

25 Referência ao discípulo cristão mencionado em Atos 21:16. Natural da ilha de Chipre, ele hospedou Paulo e seus companheiros em Jerusalém quando estes voltaram da terceira viagem missionária.

A Peregrina

MNASOM: Que distância vocês percorreram hoje?

Disseram que haviam saído da casa de Gaio. Mnasom acolheu-os prontamente, pois sabia que estavam exaustos depois de uma caminhada tão longa e convidou-os a sentar.

GRANDE CORAÇÃO (dirigindo-se aos peregrinos): Vamos, animem-se! Sei que este meu amigo se alegra em os acolher.

MNASOM: Sejam bem-vindos! E peçam o que precisarem. Faremos o possível para atender a todas as suas necessidades.

HONESTO: Faltavam-nos abrigo e boa companhia. E agora temos ambas as coisas.

MNASOM: Quanto ao abrigo, já perceberam como é. Quanto à boa companhia, só o tempo dirá.

GRANDE CORAÇÃO: O senhor poderia conduzir os peregrinos aos seus aposentos?

MNASOM: Certamente.

Mnasom mostrou-lhes os respectivos quartos e também uma bela sala de jantar, onde poderiam cear até a hora de dormir.

Depois de instalados, houve algumas manifestações de alegria após a viagem.

HONESTO (dirigindo-se a Mnasom): Há muitas pessoas piedosas na cidade?

MNASOM: Há algumas, mas, na verdade, são poucas quando comparadas às que pertencem ao lado oposto.

HONESTO: Há possibilidade de conhecermos alguns homens piedosos? Porque, quando os peregrinos encontram homens piedosos sentem o mesmo que os navegantes quando a Lua e as estrelas aparecem no céu em alto-mar.

Graça, filha de Mnasom, apareceu após este fazer um sinal sonoro com os pés.

MNASOM: Graça, vá dizer aos meus amigos Contrito, Virtuoso, Amor-aos-Piedosos, Nunca-Mentir e Penitente que recebi mais alguns amigos em minha casa, e eles gostariam de vê-los esta noite.

Graça foi chamá-los, e eles chegaram. Depois das apresentações, todos sentaram-se à mesa.

MNASOM: Meus vizinhos, como veem, recebi a visita de uns forasteiros que vieram à minha casa. São peregrinos, fizeram uma longa viagem e dirigem-se ao Monte Sião. (Apontando para Cristã): E vocês sabem quem é esta mulher? É Cristã, esposa de Cristão, o famoso peregrino que, em companhia de seu irmão Fiel, foi vergonhosamente maltratado em nossa cidade.

Atônitos após terem ouvido palavras de Mnasom, os vizinhos disseram: "Quando Graça nos avisou, não imaginávamos que veríamos Cristã aqui. É uma surpresa muito agradável para nós". Perguntaram a Cristã se estava bem e se aqueles rapazes eram filhos de seu marido. Ao ouvir a confirmação, os homens se levantaram e disseram: "Que o Rei, a quem amam e servem, faça o mesmo que fez com seu pai e os leve, em paz, aonde ele está".

Depois que os homens assentaram-se, Honesto perguntou a Contrito e aos outros em que condições se encontrava o povo daquela cidade.

CONTRITO: Estamos muito atarefados nesta época da feira. É difícil manter o coração e o espírito tranquilos em tempos agitados. Quem vive em um lugar como este e tem tantos afazeres como nós precisa ser cauteloso e prestar muita atenção o dia inteiro.

HONESTO: E seus vizinhos são tranquilos?

CONTRITO: São muito mais moderados que antes. Você sabe como Cristão e Fiel foram tratados nesta cidade. Mas ultimamente, posso dizer que estão bem mais sensatos. Penso que o sangue de Fiel lhes tem sido um fardo até hoje, porque desde que o queimaram, a vergonha foi tal, que nunca mais queimaram outra pessoa. Naquela época, tínhamos medo de andar pelas ruas da cidade; hoje podemos andar destemidamente. Também o nome dos homens piedosos era odiado; hoje, principalmente em algumas partes da cidade, e vocês sabem como ela é grande, a religião é muito respeitada. Mas como tem sido a peregrinação de todos vocês? Como têm sido tratados durante a caminhada? A atitude dos cidadãos afeta vocês?

HONESTO: Enfrentamos as mesmas coisas que um viajante enfrenta: às vezes o caminho é desimpedido; outras vezes, imundo; às vezes, há uma subida; outras vezes, uma descida. Quase sempre é incerto. O vento nem sempre nos empurra para frente; nem sempre alguém que encontramos no caminho é amigo. Já deparamos com algumas dificuldades espantosas, e não sabemos o que nos aguarda. De modo geral, achamos verdadeiro aquele ditado antigo: "Quem é bom sofre provações".

CONTRITO: Você falou de dificuldades. Que dificuldades encontraram?

HONESTO: Pergunte a Grande Coração, o nosso guia. Ele pode explicar melhor essa parte.

GRANDE CORAÇÃO: Já nos atacaram três ou quatro vezes. Cristã e seus filhos foram encurralados de tal forma por dois malfeitores, que temeram perder a vida; depois tivemos de enfrentar o gigante Sanguinário, o gigante Pancada e o gigante Morte-ao-Bem. Na verdade, em vez de sermos atacados por este último, nós o atacamos. Foi assim: depois de passarmos um tempo na casa de Gaio, meu anfitrião e de toda a Igreja, decidimos levar nossas armas conosco, para ver se conseguiríamos encontrar algum inimigo dos peregrinos, porque sabíamos que ali se abrigava um dos mais violentos. Pelo fato de morar na região, Gaio conhecia o esconderijo melhor do que eu. Procuramos por toda parte até encontrar a entrada da caverna, o que nos deixou alegres e animados. Decidimos nos aproximar do esconderijo e, ao chegar lá, vimos que o gigante havia arrastado à força este pobre homem, Mente-Fraca, para dentro, e estava prestes a matá-lo. Mas, quando nos viu, talvez supondo que fôssemos uma nova presa, deixou este coitado na caverna e saiu. Lutamos ferozmente, e ele avançou em nossa direção de todas as formas. No final, ele caiu ao chão, foi degolado e colocamos sua cabeça na beira do caminho para amedrontar todos os que tentassem cometer tais iniquidades. Para comprovar o que digo, aqui está o homem que foi arrancado como um cordeiro da boca do leão.

MENTE-FRACA: Confirmo a história, que começou infeliz e me trouxe felicidade. Infeliz quando ele ameaçou me retalhar até os ossos; e trouxe-me felicidade quando vi Grande Coração e seus amigos se aproximarem com suas armas para me libertar.

VIRTUOSO: Há duas coisas necessárias para ser peregrino: coragem e vida ilibada. Se o peregrino não tiver coragem, nunca prosseguirá no caminho; e se sua vida for manchada, manchará também o nome dos peregrinos.

AMOR-aos-PIEDOSOS: Espero que este aviso não lhes seja necessário. Mas com certeza há muitos que seguem o caminho e se confessam estrangeiros aos peregrinos em vez de estrangeiros e peregrinos na Terra.

NUNCA-MENTIR: É verdade. Não possuem a aparência nem a coragem dos peregrinos. Não caminham empertigados, mas de modo enviesado, um sapato virado para dentro e o outro para fora, e as calças vestidas de trás para frente, com rasgos e furos, em desrespeito ao Senhor.

PENITENTE: Essas coisas deveriam envergonhá-los. É improvável que os peregrinos alcancem tal graça ou progridam como desejam enquanto essas manchas e defeitos não desaparecerem do caminho.

A Peregrina

Continuaram entretidos na conversa até a ceia ser colocada na mesa, da qual se serviram para revigorar o corpo cansado antes de repousar. Passaram grande parte do tempo na Feira das Vaidades, hospedados na casa de Mnasom. No decorrer dos dias, Mnasom entregou sua filha Graça como esposa a Samuel, filho de Cristã; e sua filha Marta a José.

O tempo que demoraram ali, como eu disse, foi longo (porque o lugar não era como antes), portanto, os peregrinos conheceram muitas outras pessoas de bem que habitavam na cidade e que lhes foram úteis na medida do possível. Misericórdia, como sempre, empenhou-se muito em favor dos pobres, vestindo-os e alimentando-os, e recebeu a gratidão deles. Ali ela foi uma joia em sua confissão de fé. E, verdade seja dita, Graça, Febe e Marta tinham boa índole e dedicavam-se a fazer o bem aos outros. Eram também muito férteis, de modo que o nome de Cristão, como já dissemos, tinha probabilidades de permanecer no mundo.

Durante a permanência dos peregrinos, um monstro surgiu da mata e assassinou muitos habitantes da cidade. Levava consigo suas crianças e lhes ensinava a amamentar seus filhotes. Ninguém da cidade se atrevia a enfrentar o monstro. Todos fugiam quando ouviam o ruído de sua chegada.

O monstro era diferente de qualquer animal terreno. Tinha o corpo de dragão, sete cabeças e dez chifres.[26]

Causou grande devastação entre as crianças, e era governado por uma mulher. Impunha condições aos homens, e eles, por amar mais a vida que a alma, aceitavam as condições. E se submetiam ao monstro.

---

26 "Viu-se, também, outro sinal no céu, e eis um dragão, grande, vermelho, com sete cabeças, dez chifres e, nas cabeças, sete diademas" (APOCALIPSE 12:3).

Grande Coração e os que vieram visitar os peregrinos na casa de Mnasom combinaram de sair em busca da fera, para tentar libertar o povo da cidade das garras do monstro devorador.

E assim, Grande Coração, Contrito, Virtuoso, Nunca-Mentir e Penitente pegaram suas armas e foram ao encontro do monstro. A princípio, ele mostrou-se muito furioso e olhava para os seus inimigos com grande desprezo. Os cinco, porém, por serem homens fortes e hábeis nas armas, investiram com muita fúria contra o monstro, fazendo-o bater em retirada; e voltaram para a casa de Mnasom.

É bom deixar claro que o monstro escolhia algumas épocas para atacar as crianças da cidade. E nessas ocasiões aqueles homens valentes, sempre alertas, investiam ferozmente contra o monstro, tanto que, ao longo do tempo, ele ficou muito ferido e começou a manquejar, o que o impossibilitou de torturar as crianças da cidade como fazia antes. Segundo alguns, é bem provável que tenha morrido em consequência de seus ferimentos.

Com isso, a fama de Grande Coração e seus companheiros espalhou-se pela cidade e muitas pessoas, a quem faltava amor pelas coisas espirituais, passaram a estimá-los e respeitá-los. Em razão disso, os peregrinos não foram muito maltratados ali. A verdade é que na cidade havia algumas pessoas sem princípios morais, que, em sua ignorância, não enxergavam um palmo adiante do nariz. Não respeitavam aqueles homens e não davam o devido valor aos seus feitos.

Chegada a hora em que precisavam seguir caminho, os peregrinos começaram a preparar-se para a jornada. Mandaram chamar os amigos para trocar ideias, passaram algum tempo a sós e comprometeram-se mutuamente em proteger seu Príncipe. De novo, os amigos ofertaram-lhes coisas que já possuíam, coisas apropriadas para fracos e fortes, para mulheres e homens; enfim, receberam o necessário para a viagem.[27] No início da caminhada, os amigos os acompanharam até uma distância conveniente e, mais uma vez, comprometeram-se mutuamente a proteger seu Rei e partiram.

O grupo de peregrinos avançou, tendo Grande Coração à frente. As mulheres e as crianças, por serem mais frágeis, foram forçadas a andar de acordo com suas forças, enquanto Claudicante e Mente-Fraca se apoiavam um no outro devido à condição debilitada de ambos.

Depois que saíram da cidade e despediram-se dos amigos, chegaram rapidamente ao lugar onde Fiel perdeu a vida.[28] Ali, portanto, fizeram uma parada e agradeceram Àquele que lhe dera forças para carregar sua cruz; e mais ainda por terem descoberto que o grande sofrimento de Fiel lhes fora proveitoso.

Enquanto caminhavam, conversaram por um bom tempo sobre Cristão e Fiel, lembrando como Esperançoso se encontrou com Cristão depois que Fiel foi morto.

Chegaram então à Colina Lucro, onde havia a mina de prata que desviou Demas[29] do caminho da peregrinação e na qual, segundo pensam, Interesse-Próprio[30] caiu e pereceu, o que levou os peregrinos a pensarem seriamente no assunto. Quando, porém, aproximaram-se do antigo monumento defronte à Colina Lucro, ou seja, a coluna de sal que se erguia também diante de Sodoma e de seu lago malcheiroso, o grupo admirou-se, da mesma forma que Cristão, sem entender por que homens instruídos e experientes como

---

27 "...os quais nos distinguiram com muitas honrarias; e, tendo nós de prosseguir a viagem, *nos* puseram a bordo tudo o que era necessário" (ATOS 28:10).

28 *O peregrino*, Publicações Pão Diário, 2020, p. 179.

29 Ibid, pp. 191-193.

30 Ibid, p. 193.

aqueles foram tão cegos a ponto de se desviarem. Contudo, depois de mais ponderação, concluíram que a natureza não é afetada pelas desgraças que outros enfrentam, principalmente se aquilo que se vê possui atrativos capazes de enganar os olhos de um tolo.

Vi agora que eles prosseguiram até chegar ao rio do outro lado das Montanhas das Delícias, ao rio onde há árvores vistosas nas duas margens e cujas folhas, quando ingeridas, aliviam problemas de indigestão, onde as pastagens se conservam verdes o ano inteiro e onde poderiam descansar em segurança.[31] Na margem do rio, nas pastagens, havia abrigos e apriscos para ovelhas, uma casa construída para alimentar e criar os cordeirinhos, ou seja, os bebês das peregrinas.

Havia também um Homem compassivo encarregado de apascentá-los e que podia recolhê-los entre os Seus braços, levá-los em Seu peito e guiar mansamente esses jovenzinhos.[32]

Cristã aconselhou suas quatro noras a que entregassem seus filhinhos aos cuidados do Homem, para que, junto daquelas águas, encontrassem abrigo e fossem agasalhados, nutridos e amparados; e que nada viesse a faltar a nenhum deles. Quando um dos Seus se perde ou se desgarra, o Homem o traz de volta. Também liga o que está quebrado e fortalece o enfermo.[33] Aqui nunca lhes faltará

---

31 "O Senhor é o meu pastor; nada me faltará. Ele me faz repousar em pastos verdejantes. Leva-me para junto das águas de descanso; refrigera-me a alma. Guia-me pelas veredas da justiça por amor do seu nome" (SALMO 23:1-3).

32 "Como pastor, apascentará o seu rebanho; entre os seus braços recolherá os cordeirinhos e os levará no seio; as que amamentam ele guiará mansamente" (ISAÍAS 40:11).
   "E é capaz de condoer-se dos ignorantes e dos que erram, pois também ele mesmo está rodeado de fraquezas" (HEBREUS 5:2).

33 "Levantarei sobre elas pastores que as apascentem, e elas jamais temerão, nem se espantarão; nem uma delas faltará, diz o Senhor" (JEREMIAS 23:4).

comida, bebida ou roupas; aqui estarão protegidos de ladrões e salteadores, porque o Homem morrerá antes que se perca um dos que lhe foram confiados. Além disso, aqui certamente receberão boa alimentação e conselhos, aprenderão a andar nas veredas da retidão, e esse é um favor cujo preço é alto demais. Aqui também, como vocês veem, há águas mansas, pastagens aprazíveis, flores delicadas, grande variedade de árvores que produzem frutos saudáveis. Frutos diferentes dos que Mateus comeu, que caíam sobre o muro do jardim de Belzebu, mas frutos que dão saúde a quem não tem e continuam a aumentar a saúde dos que a possuem.

As mães alegraram-se ao entregar seus filhinhos aos cuidados dele, incentivadas por saber que todas as despesas ficavam a cargo do Rei, e que o lugar era um abrigo para criancinhas e órfãos.

Prosseguindo a viagem, chegaram ao Prado do Caminho Errado, à escada pela qual Cristão subiu com seu companheiro Esperançoso, quando caíram nas mãos do Gigante Desespero e foram levados ao Castelo da Dúvida.[34] Ali os peregrinos se sentaram e conversaram

---

"Porque assim diz o S<small>ENHOR</small> Deus: Eis que eu *mesmo* procurarei as minhas ovelhas e as buscarei. Como o pastor busca o seu rebanho, no dia em que encontra ovelhas *dispersas*, assim buscarei as minhas ovelhas; livrá-las-ei de todos os lugares para onde foram espalhadas no dia de nuvens e de escuridão. Tirá-las-ei dos povos, e as congregarei dos diversos países, e as introduzirei na sua terra; apascentá-las-ei nos montes de Israel, junto às correntes e em todos os lugares habitados da terra. Apascentá-las-ei de bons pastos, e nos altos montes de Israel será a sua pastagem; deitar-se-ão ali *em* boa pastagem e terão pastos bons nos montes de Israel. Eu mesmo apascentarei as minhas ovelhas e as farei repousar, diz o S<small>ENHOR</small> Deus. A perdida buscarei, a desgarrada tornarei a trazer, a *quebrada* ligarei e a enferma fortalecerei; mas a gorda e a forte destruirei; apascentá-las-ei com justiça" (E<small>ZEQUIEL</small> 34:11-16).

34 Op. Cit., 2020, p. 201.

sobre a melhor decisão a ser tomada. Sentindo-se fortalecidos por terem Grande Coração como guia, apresentaram suas ideias: investir contra o gigante, demolir seu castelo e, antes de mais nada, libertar os peregrinos que porventura estivessem aprisionados nele. As opiniões eram variadas. Um questionava se era lícito pisar em terra não consagrada; outro dizia que era lícito, desde que o propósito fosse nobre.

GRANDE CORAÇÃO: Embora esta última afirmação não seja universalmente verdadeira, recebi ordens de resistir ao pecado, vencer o mal, combater o bom combate da fé. E, pergunto, com quem combaterei o bom combate, senão com o Gigante Desespero? Tentarei, portanto, tirar-lhe a vida e demolir o Castelo da Dúvida. Quem deseja me acompanhar?

HONESTO: Eu.

Os quatro filhos de Cristã — Mateus, Samuel, Tiago e José — disseram o mesmo, porque eram jovens e fortes.[35]

Deixaram as mulheres na estrada em companhia de Mente-Fraca e Claudicante, com suas muletas, para que as protegessem até sua volta. Embora o Gigante Desespero morasse tão perto, se eles permanecessem na estrada, um pequenino os guiaria.[36] Grande Coração, Honesto e os quatro rapazes seguiram em direção ao Castelo da Dúvida, à procura do Gigante Desespero. Ao chegar à porta do castelo, bateram

---

35 "Pais, eu vos escrevo, porque conheceis aquele *que existe* desde o princípio. Jovens, eu vos escrevo, porque tendes vencido o Maligno. Filhinhos, eu vos escrevi, porque conheceis o Pai. Pais, eu vos escrevi, porque conheceis aquele *que existe* desde o princípio. Jovens, eu vos escrevi, porque sois fortes, e a palavra de Deus permanece em vós, e tendes vencido o Maligno" (1 JOÃO 2:13,14).

36 "O lobo habitará com o cordeiro, e o leopardo se deitará junto ao cabrito; o bezerro, o leão novo e o animal cevado andarão juntos, e um pequenino os guiará" (ISAÍAS 11:6).

e gritaram em alta voz. O velho gigante apareceu, acompanhado de Incredulidade, sua esposa.

GIGANTE DESESPERO: Quem é? Quem se atreve a perturbar desta maneira o Gigante Desespero?

GRANDE CORAÇÃO: Sou eu, Grande Coração, um dos guias do Rei do País Celestial, incumbido de conduzir os peregrinos até lá. Ordeno que me libere a entrada e se prepare para a luta, porque venho decidido a decepar sua cabeça e demolir o Castelo da Dúvida.

Desespero, por ser gigante, imaginava que nenhum homem seria capaz de derrotá-lo, portanto, disse a si mesmo: "Depois de ter vencido anjos, não hei de temer Grande Coração". Preparou-se para a batalha e saiu com um capacete de aço na cabeça, uma couraça de fogo no peito, sapatos de aço e uma grande clava na mão. Os seis homens prepararam-se para a luta e o cercaram por trás e por diante. Incredulidade, mulher do gigante, saiu para ajudar o marido, mas Honesto derrubou-a com um golpe. Depois de uma luta renhida, o Gigante Desespero caiu ao chão, mas continuou a oferecer resistência. Lutou com todas as forças, porque, segundo diziam, ele tinha tantas vidas quanto um gato. Grande Coração, porém, seria seu algoz, pois não o deixou até conseguir decapitá-lo.

Depois, demoliram o Castelo da Dúvida, uma tarefa realizada com certa facilidade, uma vez que o gigante estava morto. O trabalho durou sete dias. E nesse meio-tempo os peregrinos encontraram um homem chamado Desânimo, quase perecendo de fome, e sua filha Medrosa, ambos vivos. Porém, era impressionante ver o grande número de cadáveres espalhados ali e no pátio do castelo; e o grande número de ossos humanos depositados no calabouço.

Concluída a tarefa, Grande Coração e seus companheiros decidiram proteger Desânimo e sua filha Medrosa, pois eram pessoas honradas, apesar de terem sido mantidas prisioneiras pelo tirano Gigante Desespero no Castelo da Dúvida. Em seguida, levaram consigo a cabeça do gigante (depois de enterrar seu corpo sob um monte de pedras) e desceram até a estrada para ir ao encontro dos outros e mostrar-lhes o que haviam feito. Ao reconhecer a cabeça do gigante Desespero, Mente-Fraca e Claudicante alegraram-se grandemente. Cristã, quando necessário, tocava viola de gamba,[37] e Misericórdia sabia tocar alaúde. Ao ver a alegria reinando, iniciaram uma música que levou Claudicante a dançar. Pegando a mão de Medrosa, filha de Desânimo, começou a dançar com ela na estrada. É verdade que ele não conseguia dançar sem o apoio de uma muleta, mas garanto que se saiu muito bem; e posso lhe garantir que a moça foi elogiada, porque acompanhou lindamente o ritmo da música.

Quanto a Desânimo, a música não o interessou muito, preferindo alimentar-se a dançar, pois estava faminto demais. Cristã ofereceu-lhe um pouco de licor para reanimá-lo e preparou-lhe uma comida. Em pouco tempo o homem começou a recuperar as forças.

Depois disso, vi em meu sonho Grande Coração pegar a cabeça do Gigante Desespero e colocá-la em um poste na beira do caminho, bem de frente à coluna que Cristão erigiu como advertência a outros peregrinos, para que tomassem cuidado ao pisar naquele solo.

Em seguida, gravou estes versos em uma pedra de mármore:
Esta é a cabeça de Desespero, o temível gigante
Que aos peregrinos causava pavor constante.
O valente Grande Coração seu castelo derrubou.
E a vida de Incredulidade, esposa do gigante, tirou.

---

37 N.T.: Instrumento antigo semelhante ao violoncelo.

A Peregrina

E com a coragem que ao nosso herói nunca faltou,
Desânimo e sua filha Medrosa ele por fim libertou.
Aquele que porventura de seus feitos duvidar
Deve abrir bem os olhos e jamais questionar.
Diante desta cabeça os coxos dançarão enlevados,
Pois de todos os seus medos foram libertados.

Desânimo | Medrosa

CAPÍTULO 8
As Montanhas das Delícias

Depois de uma corajosa demonstração ao demolir o Castelo da Dúvida e matar o Gigante Desespero, os homens seguiram em frente até chegar às Montanhas das Delícias, onde Cristão e Esperançoso[1] renovaram as forças com as variedades do local. Ali também esses peregrinos conheceram os Pastores que lhes deram boas-vindas, como haviam feito com Cristão, às Montanhas das Delícias.

Ao ver o grande número de pessoas acompanhando Grande Coração (pois já o conheciam muito bem), os pastores disseram-lhe: "Bom amigo, vemos que traz um belo grupo de companheiros. Onde os encontrou?".

GRANDE CORAÇÃO (respondendo em forma de versos):

> Esta é Cristã acompanhada de grande comitiva:
> Seus filhos e suas noras. E, tal qual uma locomotiva,
> Vem puxando seus vagões sem jamais perder a direção,
> E, pela graça que dos pecados os libertou, aqui estão.
> Igual a ela, Honesto também quis ser peregrino,
> E Claudicante decidiu seguir o mesmo destino.
> Mente-Fraca, sempre vacilante e disposto a desistir,
> O caminho de Cristã também decidiu seguir.
> Desânimo, o homem bondoso, veio logo atrás,
> Acompanhado de Medrosa, sua filha, a quem faltava paz.
> Perguntamos se seremos bem acolhidos neste lugar
> Ou devemos prosseguir nosso caminho sem titubear?

PASTORES: Que agradável companhia! Sejam bem-vindos, porque acolhemos tanto os fracos quanto os fortes. Nosso Príncipe vê o que é feito ao mais pequenino destes irmãos.[2] A fraqueza não nos impede de mostrar hospitalidade.

E depois de conduzir os peregrinos à porta do palácio, os pastores prosseguiram: "Entre Mente-Fraca. Entre, Claudicante. Entrem, Desânimo e traga sua filha Medrosa", e dirigindo-se a Grande Coração: "Chamamos estes pelo nome, porque são os mais inclinados

---

1   Op. Cit., 2020, p. 209.

2   "O Rei, respondendo, lhes dirá: 'Em verdade vos afirmo que, sempre que o fizestes a um destes meus pequeninos irmãos, a mim o fizestes'" (MATEUS 25:40).

a voltar atrás; quanto a você e ao restante do grupo, que são fortes, nós os deixamos em total liberdade".

GRANDE CORAÇÃO: Vejo hoje que a graça resplandece no rosto de vocês, e que são verdadeiramente pastores de meu Senhor, porque não lhes deram empurrões com o lado e com o ombro, mas espalharam flores em seu caminho até o palácio, como é seu dever.[3]

Os débeis e os fracos entraram, seguidos de Grande Coração e do resto do grupo. Depois que todos se acomodaram, os pastores disseram aos débeis e fracos: "O que desejam que lhes seja servido? Aqui todas as coisas são preparadas para amparar os fracos e advertir os indisciplinados".

Serviram-lhes, a seguir, um banquete de comidas de fácil digestão, agradável ao paladar e nutritivas. Depois de alimentados, os peregrinos dirigiram-se aos seus respectivos aposentos para descansar. Os Pastores costumavam mostrar algumas raridades aos peregrinos antes de estes partirem. Portanto, ao amanhecer, como o lugar era alto e o dia estava claro, aguardaram que os peregrinos se aprontassem, para levá-los ao campo antes da partida e mostrar-lhes o que haviam mostrado a Cristão.

O primeiro lugar visitado foi o Monte das Maravilhas, onde viram, a grande distância, um homem que, com suas palavras, fazia os montes se moverem. Os Pastores contaram-lhes que aquele homem era filho de Grande-Graça,[4] cujo nome está registrado em *O peregrino*, e que estava ali para ensinar os peregrinos que poderiam mover de

---

3 "Visto que, com o lado e com o ombro, dais empurrões e, com os chifres, impelis as fracas até as espalhardes fora" (EZEQUIEL 34:21).

4 Op. Cit., 2020, p. 115.

seu caminho todas as dificuldades que encontrassem, desde que tivessem fé.⁵

GRANDE CORAÇÃO: Eu o conheço. É um homem superior a muitos.

Em seguida, os peregrinos foram levados a outro lugar, chamado Monte da Inocência, onde viram um homem vestido inteiramente de branco e outros dois, Preconceito e Má-Vontade, que atiravam lama nele o tempo todo. Porém, toda a sujeira que lhe caía em cima logo desaparecia; e suas roupas voltavam a ser alvas como se nada tivesse acontecido. Os peregrinos perguntaram qual era o significado disso.

PASTORES: Este homem se chama Piedoso, e suas roupas mostram a pureza de sua vida. Aqueles que lhe atiram lama odeiam suas virtudes. Mas, vejam, a lama não gruda em suas roupas. É o que acontece com todo aquele que vive inocentemente no mundo. Quem deseja manchá-lo trabalha em vão, porque, daqui a pouco, Deus fará que sua pureza irrompa como a luz; e sua justiça, como o meio-dia.⁶

Logo depois foram conduzidos ao Monte da Caridade, onde lhes foi mostrado um homem com um rolo de pano diante si, do qual cortava partes para vestir os pobres ao seu redor. Porém, o tamanho do rolo era sempre igual, não diminuía.

Os peregrinos perguntaram aos Pastores o que aquilo significava.

PASTORES: Serve para mostrar-lhes que nunca faltará recursos àquele cujo coração é generoso com os pobres. Aquele que regar

---

5 "Porque em verdade vos afirmo que, se alguém disser a este monte: Ergue-te e lança-te ao mar, e não duvidar no seu coração, mas crer que *se* fará o que diz, assim será com *ele*" (MARCOS 11:23).

6 "A estrada em que caminham as pessoas direitas é como a luz da aurora, que brilha cada vez mais até ser dia claro" (PROVÉRBIOS 4:18 NTLH).

A Peregrina

Preconceito

JOHN BUNYAN

Má-Vontade

A Peregrina

também será regado. E nunca faltou farinha na vasilha da viúva que fez o bolo para o profeta.

Foram conduzidos também a um lugar onde viram dois homens chamados Néscio e Sem-Juízo lavando um homem imundo na tentativa de torná-lo limpo. Porém, quanto mais o lavavam, mais sujo ele se tornava.

PEREGRINOS (dirigindo-se aos pastores): O que isso significa?

PASTORES: Assim sucederá com todos os perversos. Os meios que usarem para ter um bom nome acabarão por torná-los mais abomináveis ainda. Vejam o exemplo dos fariseus; o mesmo sucederá com todos os hipócritas.

Misericórdia, esposa de Mateus, perguntou a Cristã, sua sogra: "Mãe, se me fosse permitido, gostaria de ver a porta de entrada da colina, que chamam de Caminho-para-o-Inferno". Cristã repassou o pedido aos pastores, e todos foram até à porta, que se encontrava na encosta de uma colina. Os pastores abriram-na e pediram a Misericórdia que prestasse atenção. Ela ouviu uma voz dizendo: "Maldito seja o meu pai que me afastou do caminho da paz e da vida". Outra dizendo: "Quem dera eu tivesse sido despedaçado em vez de perdido a alma para salvar minha vida". E uma terceira: "Se eu voltasse a viver, preferiria negar a mim mesmo a vir parar neste lugar!". Então, Misericórdia teve a sensação de que a terra gemia e sacudia sob seus pés. Ela empalideceu, começou a tremer e disse: "Benditos aqueles que são libertos deste lugar!".

Depois de lhes mostrarem todas essas coisas, os Pastores os levaram de volta ao palácio e ofereceram-lhes o melhor que podiam. Misericórdia, por ser jovem e estar grávida, apaixonou-se por um objeto que viu ali, mas estava com vergonha de pedi-lo. A sogra perguntou qual era o objeto de seu desejo, pois a nora parecia estar passando mal.

MISERICÓRDIA: Há um espelho pendurado na sala de jantar, e não consigo tirá-lo da mente. Se ele não me for concedido, penso que sofrerei um aborto espontâneo.

CRISTÃ: Mencionarei seu desejo aos Pastores. Eles não se recusarão a atendê-lo.

MISERICÓRDIA: Tenho vergonha de que saibam que cobicei o espelho.

CRISTÃ: Não, minha filha, não é vergonha, mas uma virtude desejar um objeto como aquele.

MISERICÓRDIA: Então, mãe, por favor, pergunte aos Pastores se estão dispostos a vendê-lo para mim.

O espelho era uma peça raríssima. Se alguém olhasse de um lado, veria o reflexo do próprio rosto. Se olhasse do lado oposto, veria o rosto e a imagem do próprio Príncipe dos peregrinos.

Por ter conversado com aqueles que conhecem o assunto por experiência própria, fiquei sabendo que, ao olhar no espelho, eles viram a coroa de espinhos em Sua cabeça; viram também as feridas em Suas mãos, nos pés e no lado. Sim, o espelho distingue-se de tal forma que mostra o Príncipe na forma que cada um deseja vê-lo, vivo ou morto, na Terra ou no Céu, em estado de humilhação ou de exaltação, vindo ao mundo para sofrer ou vindo para reinar.[7] Cristã chamou os pastores à parte (cujos nomes eram Conhecimento,

---

[7] "Porque, se alguém é ouvinte da palavra e não praticante, assemelha-se ao homem que contempla, num espelho, o seu rosto natural" (TIAGO 1:23).

"Porque, agora, vemos como em espelho, obscuramente; então, veremos face a face. Agora, conheço em parte; então, conhecerei como também sou conhecido" (1 CORÍNTIOS 13:12).

"E todos nós, com o rosto desvendado, contemplando, como por espelho, a glória do Senhor, somos transformados, de glória em glória, na sua própria imagem, *como* pelo Senhor, o Espírito" (2 CORÍNTIOS 3:18).

A Peregrina

Experiência, Vigilância e Sinceridade) e lhes disse: "Uma de minhas noras, que está grávida, deseja algo que viu nesta casa, e imagina que, se seu pedido lhe for negado, sofrerá um aborto espontâneo".

EXPERIÊNCIA: Vá chamá-la, vá chamá-la. Ela terá tudo o que pudermos lhe oferecer.

Quando ela chegou, perguntaram-lhe: "Qual é o seu pedido?". Ela corou e respondeu: "O espelho grande pendurado na sala de jantar". Sinceridade correu para buscá-lo e, com o consentimento de todos, entregou-lhe o espelho. Ela curvou-se para agradecer e disse: "Diante disso, sei que achei graça aos seus olhos".

Ofereceram também às outras jovens tudo o que desejavam; e aos respectivos maridos dirigiram grandes elogios por terem ajudado Grande Coração em matar o Gigante Desespero e demolir o Castelo da Dúvida.

Os Pastores colocaram colares no pescoço de Cristã e das quatro noras, brincos nas orelhas e joias na testa.

Chegada a hora de partir, os pastores despediram os peregrinos em paz, sem as advertências e admoestações que deram a Cristão e seu companheiro, porque esse grupo tinha Grande Coração como guia. Estando ele familiarizado com a situação, poderia avisá-los do perigo no tempo certo, isto é, mesmo quando o perigo se aproximava.

As advertências que Cristão e seu companheiro receberam dos Pastores haviam caído no esquecimento quando foi necessário colocá-las em prática. Por conseguinte, o grupo de Cristã tinha uma vantagem sobre o outro

Saíram, então, cantando esta música pelo caminho:

Vejam como estes lugares tão bem preparados estão
Para descanso dos peregrinos que por aqui passarão

*Aqui fomos recebidos com grande hospitalidade
Como se estivéssemos em nossa casa, na nossa cidade.*

*Aqui nos mostraram novidades de todos os matizes,
Para que nós, os peregrinos, possamos viver felizes.
Que todas as belezas que, com satisfação vimos,
Fiquem sempre gravadas no caminho em que seguimos.*

Pouco tempo depois de terem se despedido dos Pastores, chegaram rapidamente ao lugar onde Cristão encontrou Volta-Atrás, que morava na Cidade da Apostasia.[8]

GRANDE CORAÇÃO (ao lembrar-se deles): Este é o lugar onde Cristão encontrou Volta-Atrás, o qual levava um papel nas costas que explicava sua rebelião. E é isto o que tenho a dizer a respeito desse homem: não quis dar ouvidos a nenhum conselho e, depois da queda, todas as persuasões foram inúteis para detê-lo.[9] Quando chegou ao lugar onde estavam a cruz e o sepulcro, o homem encontrou-se com alguém que lhe pediu que

---

8   Op. Cit., 2020, p. 218.

9   "Porque, se vivermos deliberadamente em pecado, depois de termos recebido o pleno conhecimento da verdade, já não resta sacrifício pelos pecados; pelo contrário, certa expectação horrível de juízo e fogo vingador

voltasse os olhos para lá. Mas ele rangeu os dentes, bateu os pés no chão e disse que estava resolvido a voltar para sua cidade. Antes de chegar à porta, encontrou-se com Evangelista, que lhe ofereceu ajuda para que ele retornasse ao caminho. Mas Volta-Atrás não lhe deu ouvidos e, depois de ofendê-lo, escalou o muro e fugiu.

Os peregrinos continuaram a caminhada e, exatamente no lugar onde Pouca-Fé[10] foi roubado, viram um homem em pé, com uma espada na mão e o rosto ensanguentado. "Quem é você?", Grande Coração perguntou. O homem respondeu: "Meu nome é Valente-pela-Verdade. Sou peregrino e dirijo-me à Cidade Celestial. Seguia o meu caminho quando três homens me cercaram e me propuseram três coisas: [11]

1. Associar-me a eles;
2. Voltar ao lugar de onde saí;
3. Morrer aqui mesmo.

Quanto à primeira proposta, respondi que, por ser um homem honrado e leal há muito tempo, não poderia associar-me com ladrões.

---

prestes a consumir os adversários. Sem misericórdia morre pelo depoimento de duas ou três testemunhas quem tiver rejeitado a lei de Moisés. De quanto mais severo castigo julgais vós será considerado digno aquele que calcou aos pés o Filho de Deus, e profanou o sangue da aliança com o qual foi santificado, e ultrajou o Espírito da graça?" (HEBREUS 10:26-29).

10 Op. Cit, 2020, pp. 219-220.

11 "Filho meu, se os pecadores querem seduzir-te, não o consintas. Se disserem: Vem conosco, embosquemo-nos para derramar sangue, espreitemos, ainda que sem motivo, os inocentes; traguemo-los vivos, como o abismo, e inteiros, como os que descem à cova; acharemos toda sorte de bens preciosos; encheremos de despojos a nossa casa; lança a tua sorte entre nós; teremos todos uma só bolsa" (PROVÉRBIOS 1:10-14).

JOHN BUNYAN

Cabeça-Turbulenta

A Peregrina

Em seguida, exigiram que eu respondesse à segunda proposta. Disse-lhes que o lugar de onde venho, se não tivesse encontrado muitos aborrecimentos, não o teria abandonado. Mas, por ter achado tudo muito inconveniente e inútil para mim, abandonei-o para seguir este caminho. Perguntaram, então, qual seria minha resposta à terceira proposta. Respondi que minha vida custou muito caro para que eu abrisse mão dela dessa maneira. Além do mais, eles não tinham nada que ver com minha escolha, portanto, correriam riscos, caso se intrometessem. Os três, cujos nomes eram Cabeça--Turbulenta, Desatencioso e Pragmático, aproximaram-se de mim, e aproximei-me deles também.

Começamos a lutar, um contra três, por mais de três horas. Deixaram em mim algumas marcas de valentia, e deixei algumas neles. Acabaram de ir embora. Suponho que devem ter pressentido sua chegada e decidiram fugir.

GRANDE CORAÇÃO: A luta foi muito desigual. Três contra um!

VALENTE-pela-VERDADE: Sim. Porém, pouco mais ou pouco menos não representa nada para quem está do lado da verdade. "Ainda que um exército se acampe contra mim, não se atemorizará o meu coração; e, se estourar contra mim a guerra, ainda assim *terei confiança*".[12] Além do mais, li em alguns registros que um homem lutou sozinho com um exército. E quantos Sansão matou com uma queixada de jumento?

GRANDE CORAÇÃO: Por que você não gritou? Alguém teria vindo em seu socorro.

VALENTE-pela-VERDADE: Gritei ao meu Rei, que, como sei, pode ouvir e oferecer ajuda invisível. Foi o suficiente para mim.

---

12 Salmo 27:3

GRANDE CORAÇÃO: Você se comportou dignamente. Deixe-me ver sua espada. (Depois que Valente-pela-Verdade a mostrou): Ah, é uma boa lâmina de Jerusalém!

VALENTE-pela-VERDADE: Sim. Aquele que possuir uma destas lâminas e tiver habilidade para usá-la pode arriscar-se a lutar com um anjo. Não deve temer segurá-la, se souber manejá-la. Jamais perde o fio. Corta carne, ossos, alma, espírito, tudo.[13]

GRANDE CORAÇÃO: Você lutou durante muito tempo. Não entendo como não se cansou.

VALENTE-pela-VERDADE: Lutei até minha mão ficar pegada à espada.[14] E a espada uniu-se à minha mão, como se fosse uma extensão do braço. Quando o sangue chegou a correr por meus dedos, lutei com mais coragem ainda.

---

13 "Porque a nossa luta não é contra o sangue e a carne, e sim contra os principados e potestades, contra os dominadores deste mundo tenebroso, contra as forças espirituais do mal, nas *regiões* celestes. Portanto, tomai toda a armadura de Deus, para que possais resistir no dia mau e, depois de terdes vencido tudo, permanecer inabaláveis. Estai, pois, firmes, cingindo-vos com a verdade e vestindo-vos da couraça da justiça. Calçai os pés com a preparação do evangelho da paz; embraçando sempre o escudo da fé, com o qual podereis apagar todos os dardos inflamados do Maligno. Tomai também o capacete da salvação e a espada do Espírito, que é a palavra de Deus" (EFÉSIOS 6:12-17).

"Porque a palavra de Deus *é* viva, e eficaz, e mais cortante do que qualquer espada de dois gumes, e penetra até ao ponto de dividir alma e espírito, juntas e medulas, e *é* apta para discernir os pensamentos e propósitos do coração" (HEBREUS 4:12).

14 "E se levantou e feriu os filisteus, até lhe cansar a mão e ficar pegada à espada; naquele dia, o SENHOR efetuou grande livramento; e o povo voltou para onde Eleazar estava somente para tomar os despojos" (2 SAMUEL 23:10).

A Peregrina

Valente-pela-Verdade

GRANDE CORAÇÃO: Você fez um ótimo trabalho! Resistiu até o sangue na luta contra o pecado![15] Será acolhido por nós e irá conosco, porque somos companheiros seus.

Os peregrinos lavaram seus ferimentos, ofereceram-lhe o que tinham para lhe restaurarem as forças e partiram juntos. Grande Coração gostou muito de Valente-pela-Verdade por ter visto nele um homem corajoso. E, por tê-lo como companhia para animar os débeis e fracos, fez-lhe várias perguntas.

GRANDE CORAÇÃO: De onde você vem?

VALENTE-pela-VERDADE: Venho do País das Trevas, onde nasci e onde meus pais ainda moram.

GRANDE CORAÇÃO: O País das Trevas não fica junto à Cidade da Destruição?

VALENTE-pela-VERDADE: Sim. E saiba o que me levou a sair em peregrinação: Um homem chamado Fala-a-Verdade veio até nós e contou o que Cristão havia feito, como saiu da Cidade da Destruição, abandonando esposa e filhos para seguir a vida de peregrino. Fiquei sabendo, confidencialmente, que ele chegou a matar uma serpente que lhe resistiu durante a jornada e como chegou ao lugar que pretendia. Dizem que foi muito bem recebido em todas as casas e hospedarias de seu Senhor, principalmente quando chegou às portas da Cidade Celestial. Repito as palavras de Fala-a-Verdade: "Lá Cristão foi recebido ao som de trombeta por uma multidão de seres resplandecentes". Contou também que os sinos da Cidade repicaram de alegria para recebê-lo e que lhe deram roupas de ouro para vestir e muitas outras coisas que me abstenho de contar. Em resumo, aquele homem falou tanto de Cristão e de suas viagens que meu coração começou a arder de

---

15 Hebreus 12:4

vontade de seguir seus passos. Nem meu pai nem minha mãe foram capazes de me convencer do contrário. Deixei-os para trás e cheguei até aqui.

GRANDE CORAÇÃO: Você entrou pela porta, não?

VALENTE-pela-VERDADE: Sim, sim, porque o mesmo homem nos contou que tudo seria em vão se, antes de mais nada, não atravessássemos a porta.

GRANDE CORAÇÃO (dirigindo-se a Cristã): Veja só, esta é a história da peregrinação de seu marido, e o que ele alcançou está se espalhando por toda parte.

VALENTE-pela-VERDADE: O quê? Ela é esposa de Cristão?

GRANDE CORAÇÃO: Sim, ela mesma. E estes são seus quatro filhos.

VALENTE-pela-VERDADE: Não diga! E são peregrinos também?

GRANDE CORAÇÃO: Exatamente. Estão seguindo os passos do pai.

VALENTE-pela-VERDADE: Essas palavras me alegram o coração! Bom homem! Como ficará feliz quando vir entrar pelas portas da Cidade aqueles que não quiseram acompanhá-lo.

GRANDE CORAÇÃO: Sem dúvida, ficará satisfeito. A alegria que sente por estar ali será muito maior ao reencontrar-se com a esposa e filhos.

VALENTE-pela-VERDADE: Já que você tocou no assunto, gostaria de ouvir sua opinião. Alguns questionam se, quando chegarmos lá, reconheceremos uns aos outros.

GRANDE CORAÇÃO: Eles não acreditam que reconhecerão a si mesmos? Ou que se alegrarão ao se verem cercados de tanta glória? Se acreditam nisso, por que não reconheceremos os outros e por que não nos alegraremos com tal felicidade? E pelo fato de nossa família estar tão ligada a nós, embora lá não existam graus de parentesco, por que não concluir que nos alegraremos mais ainda por revê-los?

VALENTE-pela-VERDADE: Percebo que você conhece bem o assunto. Tem mais alguma pergunta a me fazer sobre o início de minha peregrinação?

GRANDE CORAÇÃO: Tenho. Seus pais concordaram com sua ideia de ser peregrino?

VALENTE-pela-VERDADE: Ah, não. Fizeram tudo o que se pode imaginar para convencer-me a permanecer em casa.

GRANDE CORAÇÃO: Não diga! Por que eram contra a peregrinação?

VALENTE-pela-VERDADE: Segundo eles, tratava-se de uma vida ociosa e que, se eu não fosse propenso a ser preguiçoso e indolente, nunca me submeteria à condição de peregrino.

GRANDE CORAÇÃO: E o que mais disseram?

VALENTE-pela-VERDADE: Disseram também que não existe caminho mais perigoso no mundo que o dos peregrinos.

GRANDE CORAÇÃO: E mencionaram quais são os perigos desse caminho?

VALENTE-pela-VERDADE: Sim, mencionaram muitos especificamente.

GRANDE CORAÇÃO: Cite alguns.

VALENTE-pela-VERDADE: O Pântano do Desânimo, onde Cristão quase morreu sufocado. Os arqueiros no Castelo de Belzebu, prontos para atirar naquele que chegasse ao portão que dá acesso ao caminho para o Monte Sião. Os bosques e as montanhas tenebrosas, o Desfiladeiro da Dificuldade, os leões e também os três gigantes — Sanguinário, Pancada e Morte-ao-Bem. E mais: havia um espírito imundo aterrorizante no Vale da Humilhação que quase tirou a vida de Cristão. "Além disso", disseram eles, "você terá de atravessar o

A Peregrina

Vale da Sombra da Morte, onde há muitos demônios, onde só existem trevas, onde o caminho é cheio de ciladas, armadilhas e redes". Falaram também do Gigante Desespero, do Castelo da dúvida e das ruínas que os peregrinos lá encontraram. Garantiram-me que eu teria de atravessar a Terra Encantada, um lugar muito perigoso. E que, depois disso, eu encontraria um rio sem ponte, o que me impediria de chegar à Cidade Celestial.

GRANDE CORAÇÃO: Isso foi tudo?

VALENTE-pela-VERDADE: Não. Avisaram-me que esse caminho estava cheio de enganadores e de pessoas que estão ali para desviar do caminho os homens bons.

GRANDE CORAÇÃO: Mas como sabiam disso?

VALENTE-pela-VERDADE: Disseram que um tal de Sábio-Segundo-o-Mundo permanecia ali para enganar; que Formalidade e Hipocrisia andam a esmo pela estrada; que Interesse-Próprio, Loquaz ou Demas se aproximariam para me pegar; que Adulador me prenderia em sua rede, ou que, em companhia do inexperiente Ignorância, eu imaginaria ter chegado à porta, de onde ele foi enviado até a entrada na encosta da montanha e forçado a seguir o atalho até o inferno.

GRANDE CORAÇÃO: Esses argumentos foram muito desencorajadores. Mas pararam por aí?

VALENTE-pela-VERDADE: Não, há mais. Citaram o nome de muitos que, tempos atrás, tentaram seguir esse caminho e percorreram um trecho enorme, para ver se descobriam alguma coisa sobre aquela glória de que tantos costumavam falar. Mas voltaram, para satisfação do país inteiro, dizendo que se enganaram quando saíram de casa para seguir o caminho. Mencionaram vários exemplos, como Obstinado e Flexível, Desconfiança e Temeroso, Volta-Atrás e Ateu, e muitos outros. Disseram que alguns deles afirmaram ter ido muito longe para ver se encontrariam a glória, mas seus esforços não valeram a pena.

GRANDE CORAÇÃO: Disseram algo mais para desencorajá-lo?

VALENTE-pela-VERDADE: Sim. Falaram do peregrino Receoso, que achou o caminho muito deserto e nele nunca se sentiu à vontade. E de Desânimo, que quase morreu de fome; sim, e também — já estava esquecendo — que Cristão, sobre quem muito se falou, depois de todas as peripécias para obter a coroa celestial, não conseguiu dar nem mais um passo e morreu afogado no Rio Negro.

GRANDE CORAÇÃO: E nada disso o desencorajou?

VALENTE-pela-VERDADE: Não. Essas coisas não significaram nada para mim.

GRANDE CORAÇÃO: Como assim?

VALENTE-pela-VERDADE: Porque eu ainda acreditava nas palavras de Fala-a-Verdade, e elas me fizeram superar tudo.

GRANDE CORAÇÃO: Esta foi sua vitória, sua fé.

VALENTE-pela-VERDADE: Exatamente. Por ter crido, saí, segui o caminho, lutei contra todos que se puseram contra mim e, pela fé, cheguei até aqui.

Aquele que vê o verdadeiro valor
Venha para cá sem nenhum temor.
Seja no frio, no calor ou no vento,
Desânimo algum impedirá seu intento.
Ele jamais pensará em desistir
De toda a luta que ainda está por vir,
Para um peregrino ser.

Aquele que o peregrino afronta
E histórias sinistras lhe conta

A Peregrina

Certamente confuso ficará,
Pois a força do peregrino jamais falhará.
Leão nenhum lhe meterá medo.
Como um gigante lutará desde cedo,
Para um peregrino ser.

Nenhum espírito imundo ou mau
Jamais abaterá seu espírito leal.
Ele sabe que a vida eterna terá nas mãos,
Portanto, afasta os caprichos vãos!
Ele não temerá o que os homens vão dizer
Trabalhará noite e dia com alegria e prazer
Para um peregrino ser.

CAPÍTULO 9
A Terra Encantada

A caminhada levou os peregrinos até a Terra Encantada, onde a atmosfera costumava deixar as pessoas sonolentas. O lugar era quase todo coberto de sarças e espinhos, havia também uma espécie de caramanchão encantado, onde, segundo diziam, se alguém ali se sentasse ou dormisse, provavelmente não se levantaria ou não acordaria neste mundo. Os peregrinos atravessaram a mata, tendo Grande Coração à frente, por ser o guia deles, e Valente-pela-Verdade na retaguarda atuando como protetor, caso um espírito maligno, um dragão, um gigante ou assaltante os atacasse pelas costas. Os homens empunhavam suas espadas, pois sabiam que o lugar era perigoso e animavam uns aos outros da melhor maneira possível. Grande Coração ordenou que Mente-Fraca seguisse logo atrás dele, e Desânimo, sob a proteção de Valente-pela-Verdade.

Depois de percorrerem um pequeno trecho da mata, uma névoa espessa caiu sobre eles acompanhada de densas trevas, de modo que, durante algum tempo, mal conseguiam enxergar o companheiro ao lado, portanto, guiavam-se apenas por meio de palavras, porque não se orientavam pelo que viam.

Se os mais fortes do grupo começaram a sentir-se desalentados, em pior situação se encontravam as mulheres e as crianças, cujos pés e coração eram mais sensíveis. No entanto, encorajados pelas palavras do guia e do protetor na retaguarda, os peregrinos conseguiram animar-se e prosseguir a viagem.

A caminhada tornou-se cansativa em razão do solo lamacento. E, em toda a região, não havia qualquer hospedaria ou onde conseguir alimento para revigorar os mais fracos. Os peregrinos gemiam, ofegavam e suspiravam; enquanto uns tropeçavam nas moitas, outros atolavam na lama. Algumas crianças perderam os sapatos no lodo. Ouviam-se gritos de "Estou afundando!", "Onde você está?", "Estou enredado na mata e não consigo sair daqui!".

Logo depois chegaram a um caramanchão agradável, promissor e muito revigorante para descanso dos peregrinos, ornamentado com plantas, equipado com bancos com e sem encosto. Havia também um sofá macio onde os cansados podiam recostar. Em vista das circunstâncias, tudo isso era tentador, porque os peregrinos já começavam a sentir-se frustrados em razão das asperezas do caminho. Mas nenhum deles fez menção de parar ali. E, pelo que pude perceber, davam total atenção aos conselhos do guia, que os avisava

A Peregrina

o tempo todo dos riscos do local em que se encontravam, tanto que, quando os perigos se avizinhavam, os peregrinos adquiriam mais coragem e animavam uns aos outros para resistir aos anseios da carne. O lugar chamava-se Amigo dos Indolentes cuja finalidade era atrair, se possível, alguns peregrinos para lá, a fim de descansarem de suas fadigas.

Vi, então, no sonho, que eles continuaram a percorrer aquela região solitária até chegar a um lugar onde qualquer um poderia facilmente se perder. Na claridade do sol, Grande Coração sabia como evitar aqueles caminhos que conduziam ao erro, porém, no escuro, ficava indeciso. Mas levava no bolso um mapa de todos os caminhos em direção à Cidade Celestial e daqueles que dela partiam. Depois de acender uma candeia (porque nunca viajava sem carregar uma), consultou o mapa, o qual indicou que ele deveria prestar atenção e virar à direita. Se ele não tivesse consultado o mapa, provavelmente os peregrinos teriam perecido no lamaçal, porque, pouco mais adiante, no fim do caminho mais visível, havia um fosso, de profundidade ignorada, cheio de lodo, colocado ali de propósito para tragar os peregrinos.

Pensei, então, com meus botões: "Qualquer um que parte em peregrinação deveria levar um mapa consigo, para consultá-lo em caso de dúvida e definir qual o caminho a ser seguido".

Atravessaram a Terra Encantada até chegar a outro caramanchão, construído à beira do caminho, onde viram dois homens deitados cujos nomes eram Cauteloso e Destemido. Ambos haviam chegado até aquele ponto da peregrinação, porém, exaustos da jornada, sentaram-se para descansar e adormeceram. Ao avistá-los, os peregrinos conduzidos por Grande Coração pararam e menearam a cabeça, pois viram o estado lastimável em que se encontravam. Perguntaram entre si o que deveriam fazer: partir e deixá-los dormindo ou aproximar-se deles e tentar acordá-los. Decidiram pela última opção, se conseguissem, porém com cautela, para que eles próprios não se sentissem atraídos por sentar ali, nem aceitassem a comodidade oferecida pelo caramanchão.

Entraram e falaram com os homens, chamando-os pelo nome (porque, assim me pareceu, Grande Coração os conhecia), mas não obtiveram resposta. O guia decidiu sacudi-los e fazer o possível para despertá-los. Então um deles disse: "Eu lhe pagarei quando receber meu dinheiro". Ao ouvir essas palavras, o guia balançou a cabeça negativamente. "Lutarei enquanto conseguir segurar a espada na mão", disse o outro, provocando riso em um dos rapazes.

CRISTÃ: O que eles querem dizer?

GRANDE CORAÇÃO: Estão falando enquanto dormem. Se alguém os espancar, bater neles ou fizer qualquer coisa com eles, responderão dessa mesma maneira; ou conforme foi dito no passado: "Serás como o que se deita no meio do mar e como o que se deita no alto do mastro e *dirás*: Espancaram-me, e não me doeu; bateram-me, *e* não *o* senti; quando despertarei? Então, tornarei a beber."[1]

Vocês devem saber que os homens, quando falam enquanto dormem, dizem alguma coisa, mas suas palavras não são guiadas pela fé nem pela razão. Há incoerência em suas palavras, como houve antes, entre partir em peregrinação e sentar-se aqui. Este é o problema: quando os descuidados partem em peregrinação, de 20 só um se salva, porque esta Terra Encantada é um dos últimos refúgios dos inimigos dos peregrinos. Como vocês veem, ela localiza-se quase no fim do caminho, onde os inimigos podem nos enfrentar com mais vantagem, pois pensam: "É aqui que esses tolos haverão

---

1 Provérbios 23:34,35

A Peregrina

de querer sentar-se quando estiverem cansados, pois será perto do fim da jornada que estarão totalmente exaustos". Por isso lhes digo que a Terra Encantada se localiza muito perto do país de Beulá[2] e muito perto do fim da raça deles. Que os peregrinos se cuidem, para que não lhes aconteça o mesmo que aconteceu a estes homens, os quais, como veem, adormeceram e ninguém consegue despertá-los.

Trêmulos, os peregrinos desejavam seguir viagem; queriam apenas que o guia acendesse a candeia, para que percorressem o restante do trajeto com um pouco de claridade.[3] O guia acendeu a candeia, e os peregrinos prosseguiram o resto do caminho com a ajuda daquela luz, embora estivessem envolvidos por densas trevas.

As crianças, porém, começaram a se sentir excessivamente cansadas e clamaram Àquele que ama os peregrinos para que tornasse o caminho mais suave. Depois que deram mais alguns passos, a neblina foi dissipada por um vento, e a atmosfera ficou mais clara.

Ainda não haviam chegado ao fim da Terra Encantada, mas agora podiam enxergar uns aos outros e também o caminho por onde deveriam andar.

Quando estavam chegando ao fim daquele local, ouviram um pouco adiante um som solene, como o de alguém envolvido em

---

2   Referência a Isaías 62:4, onde se lê no hebraico *Beulá* e é traduzido por "Desposada" ou "Esposa de Deus" com relação a Jerusalém. John Bunyan foi o primeiro a comparar a travessia do Jordão e a entrada na Terra Prometida como o processo de morte e acesso ao Céu. Embora atualmente a maioria dos exegetas não concorde com essa interpretação, ela influenciou muitos grandes pensadores cristãos do passado, entre eles Charles H. Spurgeon, o conhecido príncipe dos pregadores.

3   "Temos, assim, tanto mais confirmada a palavra profética, e fazeis bem em atendê-la, como a uma candeia que brilha em lugar tenebroso, até que o dia clareie e a estrela da alva nasça em vosso coração" (2 PEDRO 1:19).

um assunto muito sério. Continuaram avançando e, logo adiante, avistaram um homem ajoelhado, com as mãos e os olhos erguidos para o céu e, segundo lhes pareceu, falando com Aquele que vive nas alturas. Aproximaram-se, porém não conseguiram entender o que o homem dizia, portanto, conservaram-se em silêncio até ele terminar. Concluída a oração, o homem levantou-se e começou a correr em direção a Cidade Celestial. Grande Coração chamou-o, dizendo: "Ei, amigo! Queremos fazer-lhe companhia se você está indo, como suponho, à Cidade Celestial". O homem parou, e os peregrinos aproximaram-se dele. Assim que Honesto o viu, disse: "Eu conheço esse homem".

VALENTE-pela-VERDADE: Quem é?

HONESTO: Ele vem da região onde eu morava. Seu nome é Perseverança. Certamente é um bom peregrino.

PERSEVERANÇA (ao ver o grupo): Pai Honesto, o senhor por aqui?

HONESTO: Sim, sou eu, como você pode ver.

PERSEVERANÇA: Estou muito feliz por tê-lo encontrado nesta estrada.

HONESTO: Eu também, porque o vi ajoelhado.

PERSEVERANÇA (corando): O senhor me viu?

HONESTO: Sim, vi, e o meu coração muito se alegrou.

PERSEVERANÇA: O que o senhor pensou?

HONESTO: O que eu deveria pensar? Pensei que estávamos diante de um homem sincero na estrada e que deveríamos tê-lo em nossa companhia.

PERSEVERANÇA: Se os seus pensamentos estão corretos, fico feliz. Se, contudo, não sou o que deveria ser, terei de arcar com as consequências.

A Peregrina

HONESTO: Verdade, porém o seu medo me convence ainda mais da harmonia que existe entre o Príncipe dos peregrinos e sua alma. Porque Ele disse: "Feliz o homem constante no temor de Deus".[4]

VALENTE-pela-VERDADE: Peço, meu amigo, que nos conte por que está ajoelhado até agora. Você recebeu alguma graça especial que lhe impôs obrigações? Ou outra coisa?

PERSEVERANÇA: Como você vê, estamos na Terra Encantada, e eu, à medida que seguia o caminho, meditava nos perigos desta parte da jornada, lembrando-me dos muitos que chegaram até aqui na peregrinação, pararam e perderam a vida. Meditava também no tipo de morte que os homens sofrem neste lugar. Os que morrem aqui não são vítimas de violência. A morte não lhes causa aflição, porque aquele que morre no sono principiou a jornada com satisfação. Sim, com prazer consente à vontade daquela doença.

HONESTO (interrompendo-o): Você viu os dois homens dormindo no caramanchão?

PERSEVERANÇA: Sim, sim. Vi Cauteloso e Destemido e, pelo que entendo, continuarão lá até apodrecerem.[5] Deixe, porém, que eu continue minha história. Enquanto meditava, como já contei, uma mulher com um vestido bonito, porém velho, apareceu diante de mim e ofereceu-me três coisas: seu corpo, sua bolsa e sua cama. A verdade é que eu estava cansado e com sono. Também sou tão pobre quanto um vira-lata, e talvez a feiticeira soubesse disso. Eu a repeli uma ou duas vezes, mas a mulher não fez caso e sorriu. Comecei a ficar zangado, porém ela não se abalou. Repetiu as ofertas e disse que, se eu concordasse em ser governado por ela, seria um homem

---

4 Provérbios 28:14

5 "A memória do justo é abençoada, mas o nome dos perversos cai em podridão" (PROVÉRBIOS 10:7).

JOHN BUNYAN

Perseverança e Madame Bolha-de-Sabão

A Peregrina

importante e feliz. "Sou a dona do mundo", disse ela, "e tenho o poder de tornar os homens felizes." Perguntei seu nome. "Madame Bolha-de-Sabão", ela respondeu. Ao ouvir isso, afastei-me ainda mais dela; mas a mulher continuou a me perseguir com suas seduções. Foi, então, que me ajoelhei. E, com as mãos levantadas e clamores, orei para Aquele que prometeu que nos ajudaria. Quando vocês chegaram, a mulher foi embora. Continuei a agradecer por minha grande libertação, porque acredito sinceramente que as intenções dela não eram boas. Ela queria impedir-me de prosseguir a jornada.

HONESTO: Sem dúvida, as intenções dela eram más. Mas agora que você falou dela, penso que já a vi ou li alguma história a seu respeito.

PERSEVERANÇA: Talvez as duas coisas.

HONESTO: Madame Bolha-de-Sabão! Ela não é alta, atraente, de pele morena?

PERSEVERANÇA: Isso mesmo. A descrição encaixa-se nela.

HONESTO: Ela não tem a fala mansa e sorri no fim de cada frase?

PERSEVERANÇA: A descrição está correta. É assim que ela se porta.

HONESTO: Ela não usa uma bolsa grande a tiracolo e não fica com a mão dentro dela o tempo todo, mexendo no dinheiro como se isso lhe fosse prazeroso?

PERSEVERANÇA: Exatamente. O senhor não poderia pintá-la com maior exatidão. Parece que a viu diante de mim.

HONESTO: Então quem a pintou era talentoso, e tudo o que escreveu a seu respeito é verdade.

GRANDE CORAÇÃO: Essa mulher é feiticeira, e esta terra é encantada por causa de suas feitiçarias. Aquele que repousar a cabeça em seu colo teria melhor destino se a repousasse no cepo no qual o machado está pendurado. E aquele que põe os olhos em sua beleza é considerado inimigo de Deus.[6]

É ela que mantém na suntuosidade todos os inimigos dos peregrinos. Sim, é ela que suborna muitos homens e os afasta da vida de peregrino. Ela é uma grande mexeriqueira e, com suas filhas, persegue constantemente os peregrinos, elogiando e enaltecendo as coisas boas desta vida. É uma prostituta atrevida e petulante; conversa com qualquer homem. Sempre ridiculariza os pobres peregrinos e tece grandes elogios aos ricos. Se, com astúcia, alguém conseguir extrair dinheiro de qualquer lugar, ela falará bem dessa pessoa de casa em casa. Adora banquetes e festas e está sempre presente diante de uma mesa farta. Faz correr boatos em alguns lugares de que é deusa, e por esse motivo há quem a adore. Tem momento certo e lugar certo para trapacear, e garante que ninguém possui algo bom que se possa comparar ao dela. Promete habitar com os filhos dos filhos, desde que a amem e a tratem com muita consideração. Espalha o ouro de sua bolsa como se fosse pó, em alguns lugares e diante de algumas pessoas. Adora que corram atrás dela, que falem bem dela. Adora reclinar-se no peito dos homens. Nunca se cansa de elogiar seus bens e ama aqueles que a têm em alto conceito. A alguns, promete coroas e reinos, se aceitarem seus conselhos. No entanto, tem levado muitos à forca e muitos mais ao inferno.

PERSEVERANÇA: Ó, que grande misericórdia recebi por ter resistido a ela. Quem sabe até onde poderia ter me arrastado?

---

6 "Infiéis, não compreendeis que a amizade do mundo é inimiga de Deus? Aquele, pois, que quiser ser amigo do mundo constitui-se inimigo de Deus" (TIAGO 4:4).

"Não ameis o mundo nem as coisas *que há* no mundo. Se alguém amar o mundo, o amor do Pai não está nele" (1 JOÃO 2:15).

A Peregrina

GRANDE CORAÇÃO: Ninguém. Só Deus sabe até onde. Certamente o teria afogado em luxúrias tolas e nocivas.[7] Foi ela que pôs Absalão contra seu pai e Jeroboão contra seu Senhor. Foi ela que persuadiu Judas a vender seu Senhor e que induziu Demas a abandonar a vida piedosa de peregrino. Ninguém sabe o mal que ela pode fazer. Ela provoca discórdias entre governadores e súditos; entre pais e filhos; entre um vizinho e outro; entre marido e mulher; entre um homem e ele próprio; entre a carne e o coração. Portanto, bondoso Perseverança, honre o seu nome; e quando tudo terminar, permaneça firme!

Durante essa conversa, houve um misto de alegria e temor entre os peregrinos; mas finalmente começaram a cantar:

Quantos perigos os peregrinos têm de enfrentar!
E os inimigos os atacam sem dó nem piedade.
Há muitos caminhos que ao pecado os querem levar,
Caminhos desconhecidos por fiéis de qualquer idade.
Algumas valas são rasas, mas traiçoeiras,
Que nos levam a despencar no lodo.
Há os que evitam as frigideiras,
Mas acabam caindo no fogo.

---

7 "Ora, os que querem ficar ricos caem em tentação, e cilada, e *em* muitas concupiscências insensatas e perniciosas, as quais afogam os homens na ruína e perdição" (1 TIMÓTEO 6:9).

CAPÍTULO 10
Os peregrinos... enfim em casa

Vi depois em meu sonho que os peregrinos chegaram ao país de Beulá, onde o sol brilha dia e noite. Em razão do cansaço, eles se permitiram repousar um pouco. Como o país estava à disposição dos peregrinos e seus pomares e vinhedos pertenciam ao Rei da Cidade Celestial, foi-lhes permitido se servirem com abundância de tudo o que havia ali.

O repouso, porém, não durou muito, porque os sinos tocavam e as trombetas emitiam continuamente um som tão melodioso que não os deixou dormir. Ainda assim, sentiram-se totalmente fortalecidos, como se tivessem dormido profundamente. E a notícia da chegada dos peregrinos foi ruidosamente divulgada pelos transeuntes: "Chegaram mais peregrinos à cidade". E alguém replicava: "E muitos outros atravessaram as águas e entraram hoje pelas portas de ouro". E os gritos ressoavam: "Um exército celestial de seres resplandecentes chegou ao país, o que indica que há mais peregrinos no caminho, pois estes vieram para esperá-los e consolá-los de todos os seus sofrimentos". Então, os peregrinos se levantaram e começaram a andar de um lado para o outro, enquanto os sons celestiais lhe chegavam aos ouvidos e seus olhos se maravilhavam com as cenas encantadoras! Naquele país eles não ouviam nada, não viam nada, não sentiam nada, não sentiam o cheiro nem o sabor de nada que lhes prejudicasse o estômago ou a mente. Apenas a água do rio que tinham de atravessar lhes pareceu um pouco amarga ao paladar, porém o sabor era mais doce depois de ser tomada.

Havia ali também um registro com os nomes de todos os que foram peregrinos em outros tempos e um relato da história de todos os atos famosos que haviam praticado, narrando muitas coisas, inclusive que, no momento de atravessar o rio, o volume das águas pareceu grande demais para alguns e menor para outros. Para alguns, o rio parecia seco; para outros, suas águas transbordavam.

As crianças daquele país dirigiam-se aos jardins do Rei e colhiam flores para os peregrinos, formando ramalhetes que lhes entregavam com muito carinho. Ali também cresciam cânfora, nardo, açafrão, cálamo e canela, incenso, mirra, aloés e todos os tipos de especiarias, que perfumavam os aposentos dos peregrinos durante sua permanência ali, e que também serviam para lhes ungir o corpo como preparativo para atravessarem o rio no tempo designado.

Enquanto os peregrinos aguardavam a hora da partida, correu a notícia da chegada de um mensageiro da Cidade Celestial que trazia

A Peregrina

informações de grande importância a Cristã, esposa do peregrino Cristão. Depois de algumas perguntas, a casa em que ela estava foi encontrada. O mensageiro entregou-lhe uma carta, dizendo: "Salve, bondosa mulher! Trago-lhe a notícia de que o Mestre a chama e espera que compareça diante de Sua presença, revestida de imortalidade, no prazo de dez dias".

Depois de ter lido a carta para ela, o homem entregou a Cristã uma prova de que ele era o verdadeiro mensageiro e que viera ordenar-lhe que se apressasse para partir. A prova consistia de uma flecha pontiaguda, afiada com amor, a qual, introduzida suavemente em seu coração, produziria nela, pouco a pouco, um efeito tão grande que a faria partir no momento certo.

Ao ver que sua hora havia chegado e que seria a primeira pessoa do grupo a atravessar o rio, Cristã chamou Grande Coração, seu guia, para contar-lhe a novidade. Grande Coração muito se alegrou com a notícia e disse que sua alegria seria maior ainda se o convite do mensageiro lhe fosse destinado. Cristã pediu-lhe, então, conselhos sobre como preparar-se para a viagem. Ele lhe recomendou o que deveria ser feito e disse: "E nós, os sobreviventes, a acompanharemos até a margem do rio".

Depois, Cristã chamou os filhos e os abençoou, dizendo que via com grande satisfação a marca que eles tinham na testa. E que se alegrava muito por estarem ali ao seu lado e por terem conservado brancas as suas vestes. Por último, deixou como herança aos pobres o pouco que possuía e ordenou aos filhos e noras que estivessem prontos quando o mensageiro viesse buscá-los.

Após ter dito essas palavras ao guia e aos filhos, Cristã chamou Valente-pela-Verdade e lhe fez este pedido: "Em todos os lugares, você se mostrou leal e sincero. Seja fiel até à morte, e que meu Rei lhe dê a coroa da vida. Rogo-lhe que cuide de meus filhos e os console se estiverem desanimados. Quanto às minhas filhas, esposas de meus filhos, elas têm sido fiéis e espero que recebam a promessa quando lhes for chegada a hora".

Depois de entregar um anel a Perseverança, Cristã chamou Honesto e disse-lhe: "Eis um verdadeiro israelita, em quem não há dolo".[1] Ao que ele respondeu: "Que o dia seja bom quando você partir para o Monte Sião, e ficarei feliz ao vê-la atravessar o rio sem molhar os pés". "Molhando ou não molhando os pés, anseio por partir", ela disse. "Em terra seca ou na água, desejo muito partir. Seja qual for o clima durante minha jornada, terei tempo suficiente quando lá chegar para sentar, descansar e secar minhas roupas."

Em seguida, Claudicante chegou para vê-la. Cristã disse-lhe: "Sua viagem até aqui foi difícil, mas isso tornará o seu repouso mais agradável. Porém, vigie e prepare-se, porque o mensageiro pode chegar quando você menos esperar".

Depois de Claudicante, Desânimo chegou com sua filha Medrosa, e Cristã lhes disse: "Sejam sempre agradecidos ao lembrar-se de sua libertação das mãos do Gigante Desespero e do Castelo da Dúvida. Graças a essa misericórdia, vocês chegaram em segurança até aqui. Vigiem e lancem fora o medo; sejam sóbrios e esperem até o fim".

A seguir, Cristã dirigiu-se a Mente-Fraca: "Você se livrou da boca do Gigante Morte-ao-Bem para viver na luz da vida eterna e contemplar seu Rei com satisfação. Meu conselho é que você se arrependa de sua tendência de sentir medo e duvidar de Sua bondade, antes que Ele o mande buscar. E quando Ele vier, que você não seja forçado a sentir vergonha de suas faltas na presença dele.

Por fim, chegou o dia da partida de Cristã. Havia um grande número de pessoas na estrada para vê-la iniciar a viagem. De

---

1 João 1:47

A Peregrina

repente, as margens do rio ficaram repletas de cavalos e carros que haviam descido para acompanhá-la até à porta da Cidade Celestial. Ela caminhou, entrou no rio e fez um gesto de despedida aos que a acompanharam até lá. Suas últimas palavras que o povo ouviu foram: "Venho, Senhor, para estar contigo e te bendizer!".

Depois de perdê-la de vista, seus filhos e amigos regressaram ao local onde estavam hospedados. Cristã prosseguiu e, chamada à porta, adentrou a Cidade Celestial com todas as cerimônias de alegria que seu marido Cristão recebeu antes dela.[2]

Os filhos choraram ao vê-la partir, mas Grande Coração e Valente-pela-Verdade tocaram alegremente seus instrumentos bem afinados — o címbalo e a harpa. E todos se dirigiram às suas respectivas habitações.

---

2 Op. Cit., 2020, pp. 273-274.

No decorrer do tempo, outro mensageiro chegou à cidade, desta vez para falar com Claudicante. Procurou-o e disse-lhe: "Venho em nome daquele que você ama e segue com suas muletas. Estou encarregado de dizer-lhe que Ele o espera para sentar-se à Sua mesa e cear com Ele em Seu Reino no dia seguinte ao da Páscoa. Prepare-se, portanto, para essa jornada".

Entregou-lhe também uma prova de que era o verdadeiro mensageiro, dizendo: "Despedacei o seu copo de ouro e rompi o seu fio de prata".[3]

Ao ouvir essas palavras, Claudicante chamou seus companheiros peregrinos e lhes disse: "Fui convocado, e Deus certamente os visitará também". Depois pediu que Valente-pela-Verdade fizesse seu testamento. Como não tinha nenhuma herança para deixar, além de suas muletas e desejos de felicidades, disse: "Deixo estas muletas ao meu filho que seguir minhas pegadas, com mil desejos de que seja melhor do que eu".

Agradeceu a Grande Coração por sua bondade e por tê-lo conduzido e partiu sozinho. Ao chegar à margem do rio disse: "Já não preciso mais destas muletas, pois vejo adiante carros e cavalos para me transportarem". Suas últimas palavras foram: "Bem-vinda seja, vida!". E seguiu adiante.

Mais tarde, Mente-Fraca recebeu a notícia de que o mensageiro havia tocado a corneta à sua porta. O mensageiro entrou e disse: "Venho para dizer-lhe que seu Mestre necessita de você e que, em pouco tempo, você contemplará Sua face em glória. E aceite isto como prova da verdade de minha mensagem: 'No dia em que se escurecerem os teus olhos nas janelas'".[4]

---

3   Eclesiastes 12:6

4   Eclesiastes 12:3

A Peregrina

Mente-Fraca chamou seus amigos e contou-lhes a mensagem que recebera e a prova de que era verdadeira. E disse: "Como não tenho nenhuma herança para deixar, de que me adiantaria fazer um testamento? Quanto à minha mente fraca, deixá-la-ei aqui, porque não necessitarei dela no lugar para onde vou. Ela também não é digna de ser legada ao mais pobre dos peregrinos, portanto, depois de minha partida, peço a Valente-pela-Verdade que a enterre em um monturo". Tendo dito isso e tendo chegado o dia de sua partida, ele entrou no rio, como os outros. Suas últimas palavras foram: "Permaneça firme na fé e na paciência!". E atravessou para o outro lado.

Passados vários dias, chegou a vez de Desânimo ser chamado. Um mensageiro foi enviado com esta mensagem para ele: "Homem vacilante, venho avisá-lo de que, no próximo dia do Senhor, você deverá estar preparado a dar gritos de júbilo ao Rei pela libertação de todas as suas dúvidas. E para provar que minha mensagem é verdadeira, aceite esta prova". E entregou-lhe o gafanhoto para lhe ser um peso.[5]

Ao tomar conhecimento da notícia, Medrosa, filha de Desânimo, disse que queria acompanhar o pai. E Desânimo disse aos seus amigos: "Vocês já sabem o que nós passamos e os problemas que nosso comportamento causou em todos os grupos dos quais participamos. Minha filha e eu desejamos que nosso abatimento e temores inúteis não sejam transferidos a ninguém após o dia de nossa partida, pois sei que, depois de minha morte, serão oferecidos a outros. Para dizer a verdade, esse abatimento e temores não passam de fantasmas que abrigamos desde o início de nossa peregrinação, e dos quais nunca conseguimos nos libertar. Tais fantasmas continuarão

---

[5] "Como também *quando* temeres *o que é* alto, e *te* espantares no caminho, e te embranqueceres, como floresce a amendoeira, e o gafanhoto te for um peso, e te perecer o apetite; porque vais à casa eterna, e os pranteadores andem rodeando pela praça" (ECLESIASTES 12:5).

por aí, tentando ser acolhidos por outros peregrinos. Mas, por favor, mantenham-lhes a porta fechada".

Chegada a hora da partida, eles caminharam até a margem do rio. As últimas palavras de Desânimo foram: "Adeus, noite! Seja bem-vindo, dia!". A filha atravessou o rio cantando, mas ninguém conseguiu entender a letra da música.

Algum tempo depois, um mensageiro chegou à cidade à procura de Honesto. Ao chegar à casa onde ele se encontrava, entregou-lhe esta mensagem: "Há uma ordem para que o senhor esteja pronto daqui a sete noites, para apresentar-se diante do Senhor na casa de seu Pai. E como prova de que minha mensagem é verdadeira, todas as filhas da música serão diminuídas".[6]

Honesto chamou seus amigos e disse-lhes: "Não deixarei nenhum testamento após minha morte. Quanto à minha honestidade, ela irá comigo, e falem dela aos que vierem depois de mim". Ao chegar o dia da partida, Honesto preparou-se para atravessar o rio, que, naquela época, transbordava em alguns lugares. No decorrer da vida, Honesto havia convencido Boa-Consciência a encontrar-se com ele ali. Ao vê-lo, segurou-lhe a mão e ajudou-o a atravessar o rio. As últimas palavras de Honesto foram: "A graça reina". E partiu deste mundo.

Não demorou muito para que Valente-pela-Verdade recebesse uma convocação pelo mesmo mensageiro, que, para provar que o aviso era verdadeiro, disse-lhe que seu cântaro foi quebrado junto à fonte.[7] Ao compreender o sentido dessas palavras, ele chamou os

---

6 "No dia em que [...] os teus lábios, quais portas da rua, se fecharem; no dia em que não puderes falar em alta voz, te levantares à voz das aves, e todas as harmonias, filhas da música, te diminuírem" (ECLESIASTES 12:3,4).

7 "Antes que se rompa o fio de prata, e se despedace o copo de ouro, e se quebre o cântaro junto à fonte, e se desfaça a roda junto ao poço" (ECLESIASTES 12:6).

amigos e lhes repetiu-essas palavras. Depois disse: "Vou para a casa de meu Pai. Apesar da grande dificuldade para andar até este ponto, não me queixo de todos os problemas pelos quais passei para chegar aonde estou. Deixo minha espada a quem me suceder na peregrinação; e minha coragem e habilidade, a quem puder possuí-las. Levo comigo minhas marcas e cicatrizes, como testemunhas de que enfrentei as batalhas daquele que agora será meu Galardoador". Ao chegar o dia de sua partida, muitos o acompanharam até a margem do rio. Enquanto caminhava, disse: "'Onde está, ó morte, o teu aguilhão?'". E enquanto mergulhava, foram estas as suas palavras: "'Onde está, ó morte, a tua vitória?'".[8] E atravessou o rio, sendo recebido do outro lado ao som de trombetas.

Chegou o momento de Perseverança (aquele que os peregrinos encontraram ajoelhado na Terra Encantada) ser chamado, pois o mensageiro trouxe uma mensagem e entregou-a aberta nas mãos dele. A mensagem dizia que ele devia preparar-se para uma mudança de vida, porque seu Mestre queria tê-lo perto de si o mais rápido possível. Perseverança pôs-se a pensar. "Não", disse o mensageiro, "não duvide da veracidade desta mensagem. Aqui está uma prova de sua legitimidade: tua roda junto ao poço se desfará".[9]

Perseverança chamou, então, o guia Grande Coração e disse-lhe: "Apesar de não ter tido a ventura de permanecer por muito tempo em sua boa companhia durante minha peregrinação, desde que o conheço, você me tem sido muito útil. Quando saí de casa, deixei minha esposa e cinco filhos pequenos. Suplico-lhe que, por ocasião de seu regresso (pois sei que voltará à casa de seu Mestre na esperança de ser o guia de outros tantos peregrinos), mande alguém contar à minha família tudo

---

8 1 Coríntios 15:55

9 Eclesiastes 12:6

o que aconteceu e acontecerá comigo e, acima de tudo, conte a história de minha feliz chegada a este lugar e as bênçãos que aqui recebi. Quero também que saibam o que ocorreu com Cristão e Cristã, sua esposa. Todos devem saber que ela seguiu o caminho de seu marido acompanhada dos filhos, e do final feliz que ela teve e para onde foi. Não tenho quase nada para enviar à minha família, a não ser súplicas e lágrimas por eles. Creio que, se você conseguir transmitir-lhes essa mensagem, minhas súplicas e lágrimas serão de grande proveito".

Depois de colocar tudo em ordem e chegar a hora de apressar-se para a partida, Perseverança desceu para entrar no rio, que, naquela ocasião, estava muito calmo. Ao chegar quase ao meio, Perseverança parou e disse aos companheiros que o haviam acompanhado até ali:

"Este rio tem causado terror a muitas pessoas e, ao pensar nele, também me assustava. Mas agora estou tranquilo e meus pés pisam no mesmo lugar onde pararam os sacerdotes que levavam a arca da aliança, enquanto Israel atravessava este rio Jordão.[10] As águas são, de fato, amargas ao paladar e frias ao estômago, mas a ideia do lugar para onde vou e da companhia que me aguarda do outro lado aquecem meu coração como se fossem brasas vivas.

Cheguei ao fim da jornada. Meus dias de labuta terminaram. Agora verei aquela cabeça que recebeu uma coroa de espinho e aquele rosto que, por minha causa, foi cuspido.

Vivi até aqui pelo que ouvia dizer e pela fé, mas agora vou a um lugar onde viverei pela visão dos fatos e estarei com Aquele em cuja companhia me deleito.

Gosto muito de ouvir falarem de meu Senhor; e onde vi as marcas de Seus pés na Terra, ali também coloquei meus pés.

---

[10] "Porém os sacerdotes que levavam a arca da Aliança do Senhor pararam firmes no meio do Jordão, e todo o Israel passou a pé enxuto, atravessando o Jordão" (Josué 3:17).

A Peregrina

Seu nome é uma caixa de almíscar para mim, mais doce que todos os perfumes. Sua voz, para mim, é a mais suave de todas; e sinto o desejo de contemplar Seu rosto mais do que a humanidade deseja contemplar a luz do Sol. Sua Palavra serviu-me de alimento e de antídoto para minha fraqueza. Ele me sustentou e afastou minhas iniquidades; meus passos se fortaleceram em Seus caminhos".

Enquanto ele pronunciava essas palavras, a expressão de seu rosto mudou. O homem forte que havia dentro dele curvou-se, e ele disse: "Recebe-me, porque vou a ti!". E ninguém mais o viu.

Mais glorioso, porém, foi ver o número incalculável de cavalos, carros, trombeteiros e flautistas, cantores e tocadores de instrumentos de cordas — todos acolhendo os peregrinos que subiam pela outra margem e seguiam em fila em direção à linda porta da Cidade Celestial.

Quanto aos filhos de Cristão, os quatro rapazes que Cristã levou consigo com suas mulheres e filhos, não cheguei a vê-los atravessar o rio. Depois que me afastei daquele lugar, ouvi dizer que ainda vivem, a fim de que contribuam por uns tempos para o aumento da Igreja naquele local.

Caso eu passe por aquele caminho novamente, pode ser que eu escreva, para aqueles que assim o desejarem, um relato das coisas que ainda não mencionei. Nesse ínterim, digo ao meu leitor:

ADIEU!

ILUSTRAÇÕES

E. F. Brewtnall — páginas 40, 64, 109, 130, 175, 239

F. Barnard — páginas 21, 34, 39, 44, 48, 54, 65, 70, 73, 92, 93, 100, 107, 113, 116, 139, 140, 150, 159, 164, 167, 170, 183, 199, 205, 206, 210, 212, 230

J. M'L. Ralston — página 58

J. D. Linton — páginas 56, 86, 145, 215